網路社會學

◎李英明 著

序

目前人類社會已然進入資訊時代的階段，舉凡政治、經濟、文化和其他各層面都正持續受到衝擊和影響。面對這種形勢發展，我們必須進行反思和總結，以便為我們摸索出方向，這是筆者寫這本書的動機。

從某個向度來看，這種反思也算是人文與科技對話的一環。我們除了迎接資訊時代的來臨之外，更要有非技術主義能力去理解、詮釋，甚至賦予資訊時代的人文意義，否則資訊科技和資訊最終將變成獨立於人之外的異己獨立的力量，來宰制支配人，從而成為人們苦難的根源。

在資訊時代結構中，位居相當重要的網際網路的發展，對於人類的存在狀態的影響，更是以前的人所無法想像的。在網路空間中，人到底是什麼？甚至身體、心靈為何物？都必須面臨加以重建。此外，何謂國家、民族、文化和集體認同等這些議題，也同樣面臨必須重建的命運。簡言之，網際網路使人類的存在狀態，陷入被解構和重組的狀況中，而這是我們必須認真面對的課題。

本書的立場雖然強調從非技術主義進行論述，但絕對無意標榜反科技或反技術的訴求，而只是希望讓科技能回歸人文，不要宰制支配人性。此外，本書雖然處理網際網路所延伸出來的包括負面的各種效應，但絕不是對網際網路的純否定式的批判。面對資訊時代和網際網路的發展，我們每個人都應該有權利和責任，從不同的向度去進行反思，這是保證資訊科技和網路不會和我們異化的條件。

這本書是筆者的初步反思，必然含有許多思考不週或疏漏之處，還望各界先進能惠予批評指正，以增進深化筆者對這些問題的認識水平。尤其是能從技術層面點出筆者人文思考盲點的高見，更是筆者所企盼的。

這本書的完成必須感謝魏澤民同學、黃健群同學的幫忙整理校正，以及揚智文化事業公司的葉老闆和孟樊先生，特別是閻主編的辛苦編輯。

李英明

序於 台北木柵

目　錄

目次

第1章

資訊科技、網路與人的處境

　　長期以來人類一直夢想要超越有限形體的限制，而日新月異的技術發展的確使我們愈來愈抽象，無法繼續做為一個具體的物理性的存在。我們愈來愈忽略或輕視經驗限制的重要性，而隨此而來的是，人們逐漸相信沒有我們的身體或軀體的存在或做為憑藉，照樣可以獲得資訊甚至知識，沒有以活生生的人的身體做為界限和基礎，人真的算是可以獲得資訊和知識嗎？這是我們必須深思的課題[1]。

　　時空制約下的人的主體性，一直是我們生活和生命的參考架構；不過，隨著資訊科技的發展，這種參考架構遭到衝擊。長期以來，我們一直認為時間無情的流逝，無法重來，這樣的認知激發了多少對生命有限的感傷以及許多哲學和文學作品，甚至成為迄今為止的人類文化和文明發展的基礎。而在這樣的認知下，人推衍出一套控制支配空間的邏輯和機制，並且成為近代民族國家（nation-state）發展的基礎。民族國家的發展主要是透過強調擁有在一定的地理界限（空間）中相同的歷史、文化、傳統或甚至血統、語言等建構起來的。不過，反過來，民族國家的形成也規定了我們的時空觀，我們不只會很自然地以民族國家的界限作為空間區隔的

---

[1] Rob Shields ed., *Cultures of Internet*, Sage Publications, 1996, pp.99-100.

基礎，而且還會以民族國家界限區隔作為時間區隔的依據，例如，我們經常說現在美國的時間或法國的時間或某個中南美洲、非洲國家的時間是幾點幾分等等。

在傳統社會中，人際關係建立在面對面的生活經驗上，而隨著傳媒的發展，「面對面」的可能性逐漸弱化，傳媒逐漸成為人際互動的主要中介；但在以電腦為載體的資訊科技尚未發展前，分享真實的日常生活經驗，一直是民族國家得以持續發展，以及相關的政治和其他種種議題討論的憑藉。而透過電腦所建立的網路空間是虛擬的，以身體為中心的生活實踐經驗的重要性逐漸被忽視，傳統的民族國家的建立維繫的基礎遭到腐蝕。

傳統的大眾傳媒，讓民族國家的發展與真實的時間和空間連結在一起；因此，它們算是一種統合式的媒體，但是，以網路為中介的時空是虛擬的，因此使網路空間本身就是有去中心化（decentralize）的特質，超越民族國家式政府控制的能力之外，資訊科技正不斷侵蝕傳統的政治範疇和結構，政府或國家為中心的政治控制或可能將不再能持續，而且，傳統的政治是奠立在人的身體實踐上發展出來的，以人的活生生的身體為載體，才有所謂的公和私的區隔；而隨著資訊科技的發展，人的活生生的身體經驗不再成為獲得資訊和知識的憑藉時，傳統的公與私的區隔還能持續嗎[2]？從顛覆既有的傳統政治的角度來看，資訊科技的發展以及網路虛擬時空的建立具有反政治的特質；資訊傳遞逐漸取代以人的身體實踐爲中心的對話溝通，傳統的政治的確正在蛻變之中，重新理解和定位政治，已成爲重要的課題。

在以電腦爲主體的資訊科技領域中，人的角色也重新被改變，基本上成爲資訊的傳送或承接器，人的主體性遭到衝擊；而隨此而來的是，人的屬性和生命結構也產生改變。翻開人類的歷史可以發現，每一個新的技術都會改變我們的感覺器官感知外在現實的方式和能力；而電腦技術的發展則不只改變我們對現實的感受能力和方式，更改變了我們自己，滲透到我們的日常生活之中。隨著科技的發展和日新月異，技術不再只是一種被人操作的工具或機器，逐漸改變或取代人的主體能力，這種現象在電腦科技領域中尤爲明顯。電腦是一種建構性的媒體，人可能透過它去建構思想和理解力，但演變的結果卻出現了電腦取代人而成爲主體的現象。

電腦滲透甚至佔據人的生命主體，主要表現在電腦不只分享我們的生活而且參與介入了我們的心理發展，影響我們思維，特別是思考我們自己的方式。就算有人反對電腦已經

---

[2] Ibid, pp.108-109.

佔據或取代人的生命主體的看法，但我們都不得不同意電腦
確實非常貼近人的生命核心。電腦不但可以操作符號，而且
可以衍生發展出種種符號系統；它已經算是一種可以思考的
機器，不只挑戰了我們的時空觀，連我們對心靈的認知也被
改變。講的更白點，電腦技術對於人而言，已經是人的生活
實踐的部分，而不只是一種工具性的技術而已，它已經逐漸
的成為我們意識和神經系統的一部分。隨此而來的是，長期
以來一直被討論的有關人和物，人和機器，心和身體關係等
問題，也必須重新再思考；因為，隨著電腦科技的發展，人
和物，人和機器、心和身體的界限顯然不是清楚的，而呈現
出相互滲透互相支撐的關係，甚至人、物、機器、身體、心
靈等都可能不再可以被當做獨立的概念和範疇。再推論下
去，到底什麼叫做人，叫做心靈，叫做理性或智能等這些問
題，都會掀起另一番爭議。

　　網路空間是一種實驗場域，可以做為檢查我們對現實的
感覺的工具。電腦技術滲入我們的日常生活的情況，已經跨
越功利和實用的層次，而進入純粹理念形式的層次；對網路
空間及其所提供的資訊的著迷，是人追求一個超感覺的純理
念世界的另一種形式的表現，而這將深化對人的身體實踐的
否定，讓人從有形的物理世界向純粹的理念（或形式）的世
界傾斜。

網路世界清除了以人的身體為中心的時空界限以及種種
的現實界限；進入網路世界中，我們似乎經常會感覺到跳出
現實的軀體存在的限制，進入一個沒有限制的自由領域中，
這其實就是上述人不斷背離現實具體的軀體生活的表現。隨
此而來的是，人不只如上述將從傳統的政治撤退，而且也將
從民族國家和民族主義的訴求中撤退，這一切更代表著從傳
統的文明的撤退，轉入一種部落化（tribalized）的狀態之中[3]。
網路世界和資訊科技的邏輯與機制逐漸取代了人的身體實踐
的重要性，網路體（cyberbody）企圖變成人的身體，環繞
著網路體人形成林林總總的（虛擬）社群；由於抽離了身體
實踐做為基礎，也就沒有面對面的，個人和私下的溝通，而
奠立在生活實踐基礎上的倫理意識趨於萎縮。網路體想要取
代人的身體，但似乎又很難完全替代，造成網路體與人體間
的張力，到底是前者依附後者或反過來後者依附前者，是一
個嚴峻的問題，這個問題若得不到合理的解決，形形色色的
異形確實將會出現。人不斷背離具體的身體實踐，不斷地被
迫依附在網路體或資訊科技之下，一方面就如前述進入純理
念，純形式的狀況中，但另一方面也陷入一個物化的情境中，
而這也意謂著人的生命經驗的抽象化，我們的身體漂浮或游

---

[3] Ibid, pp.116-117.

離在網路世界之中[4]。

在網路世界中似乎使我們從現實的時間、空間和物質性中獲得解放;可是沒有具體的身體實踐和經驗,我們的思想和理念的形成,倫理和政治的操作,都會遭到嚴重的撞擊;我們之所以知道自己和世界,主要是透過我們的身體生活在這個世界之中。我們的身體是世界的主軸,我們透過身體實踐去意識理解世界。在網路世界中,我們不再需要以具體的身體立足在現實世界中,去觀看、認知和理解這個世界,我們學習和獲得知識的能力將會伊於胡底?透過電腦技術和網路獲得資訊,並不等於就是獲得人的知識。在網路世界中,我們不再需要與人面對面,或分享別人的具體生活經驗,我們的倫理和政治意識會變成如何[5]?

電腦發展以後,以電腦為基礎的「資訊化知識」直接成為社會生產力的主體;而這種發展改變了人類知識的結構本質,導致知識研究典範以及知識學習過程和方式的轉換和變化。

傳統的馬克思思想認為,直接勞動力是社會生產力的主體,但是隨著科技的發展,正如哈伯瑪斯(Jurgen Habermas)

---

[4] Ibid, pp.117-118.

[5] Ibid, pp.118.

所指出的，科技逐漸或幾乎完全替代直接勞動力成為社會生產力的主體。而電腦發展以來，資訊化知識則躍為社會生產力的主體；傳統馬克思主義的勞動力和哈伯瑪斯的科技做為生產力的觀念必須被揚棄，而這樣一來，馬克思主義以直接勞動為基礎的剩餘價值論也必須被重建。

　　哈伯瑪斯也曾指出，以科技為主的生產力其實已不再作為社會解放的力量或憑藉，甚至變成為社會上層建築和統治者進行辯護，維護其合法性的工具；而電腦資訊技術的發展，雖然一方面突破國家或政府的控制力，但另一方面我們也很清楚的看到被轉變成為維護或強化國家或政府統治權的事實。從這個向度觀之，馬克思的歷史唯物論也必須被揚棄或重建。以電腦科技為基礎的社會中，社會矛盾主要表現為資訊主導權的爭奪上，雖然本質上仍為資本和財產權的爭奪，但資本的表現形式變成為資訊化的知識。

　　在工業社會中，隨著科技的發展，科技主義成為社會主流的意識、意識型態和價值；而人的勞動也被化約成工具性和技術性的勞動，被要求要按客觀技術法則運作，人的勞動必須像機器般的操作，導致人的物化和機器化，以及隨之而來的主體性的被壓制和被取消。而人在資訊社會中，被要求成為資訊的化身，人的物化趨勢有增無減，人成為資訊的載體而客體化在資訊流轉過程中。

　　在工業社會中，不只人的勞動被化約，甚至隨之而來的
是生活世界的被化約，出現去政治化的現象。人與人的互動
和生活世界，被要求按照所謂客觀技術規則去操作，生活被
化約成技術和手段。於是政治辯論被要求必須合乎技術規則
和工具理性原則，這等於要求每個人要先客體（觀）化和物
化，然後才具有參與政治辯論的資格和身分；誰的物化程度
愈深，誰就愈享有發言權或具有合法性；正義和道德的訴求
如果不符合技術規則，就無法進入政治領域，這樣一來，其
實就幾乎等於把政治從人的現實生活中抽離出來，人生活在
一個技術宰制的物化世界，技術替代一切，也化約了一切，
而在資訊社會中，人被要求成為資訊的化身，必須被認為有
充分的資訊和能夠掌握資訊語言者才能進行政治辯論，生活
世界的邏輯和機制轉成資訊科技的邏輯和機制。

　　資訊化知識的出現，標誌著知識商品化的更進一步確
立，知識成為商品，知識產業成為產業的重要範疇之一，而
知識作為商品，必須受商品生產、流通和交換過程的制約。
消費主義是人們面對資訊化知識的主流態度，知識學習和傳
遞的傳統浪漫性被取消。擁有資本、貨幣就可以掌握資訊化
知識的生產流通和交換的主導權；這有可能挑戰傳統以來由
國家來掌握知識傳遞主導權的結構。當然，資訊化知識本身
的內在邏輯和機制，可能會發展出非資本和貨幣能夠掌握的

形勢，資本和市場的邏輯可能無法完全主宰資訊化知識本身的內在邏輯和機制。

而隨著資訊化知識成為社會生產力的主體，國際政治的主要內容也變成是資訊化知識主導權的爭奪。誰掌握了這種主導權，誰就是國際政治和經濟領域中的強權；資訊帝國主義將挾著資訊科技本身的反主權特性，衝破地理和政治的界限和區隔；而許多國家或地區就必須靠著擁有主導權的國家或跨國企業來建構其集體的文化記憶和社會集體意識的建構，弱國用以對抗強國的民族主義將遭到巨大的挑戰；不過，伴隨著這種形勢而來的是，許多國家或地區被迫必須回到更為基本教義主義的主張上，去維繫自己的自主性，於是資訊科技的反主權大流和各地的基本教義主張的現象將同時交織著出現。

在網路空間尚未出現，或尚未普遍使用發展前，國家可以輕易地控制媒體，統一輿論，創造所謂的共識，建構一套有利於統治者的意識型態；而在網路空間中，永遠具有讓國家或政治人物無法完全控制的特性和可能性。網路打破了資訊壟斷，解構了統一輿論，實現了相當程度的自由開放，並且具有讓國家主事者相當頭痛的打不爛和堵不住的特性。

這個世界其實也是一個相當個人化的世界，不需擁有大資本或特權，就可以擁有自己的「一片天」和「一塊空間」，並且接觸廣大的視聽群。從這個角度來看,這個空間是一個互為中心,因此也就沒有強權的空間。但是,從另一個向度看,這樣的空間,也可能是一個無政府主義充斥、真偽難辨、對錯難分、好壞難清、似真還假、似假還真的空間,它有可能成為恐怖主義者、江湖郎中的工具,或是撒謊、中傷、隱瞞事實的大本營。它既是一個令人防不勝防的宣傳工具,也是一個對人施展陽謀的地方。

國家面對這個空間,頓時會陷入兩難的困境中:一方面,如果放任自流,不只人際間的倫理價值將可能蕩然無存,而且國家的權威也將嚴重受創;但是在另一方面,就算國家想要管,有時還真不知如何管起。

體現在網路世界中的價值觀是個人自由主義和全球化意識。就使用者來講,進入網際網路的權利是不應該受限制的;如果人類社會進一步往資訊化方向深化發展,那麼,有一天,人會進一步主張:人生而就應該有自由進入電腦和網路的權利,這種權利為一切人所應該擁有。

在另一方面,網路經由虛擬現實,實現了「天涯若比鄰」,加速推動了全球一體化的進程。透過電腦和網際網路,跨國公司和非政府組織,正在激烈地和國家競爭在國際社會中的主導地位。網路意識是跨越國別和地理疆界的,網路疆界是不受時空限制的,因此,網路意識和全球意識逐漸合作,正在超越主權和民族國家意識。

　　網際網路使不同族群，不同國度的人大量的交叉互動接觸，他們原先所屬的民族國家屬性有可能逐漸模糊；而且，網際網路使資本家經理人員或其他精英更容易在全世界範圍內達成網路，這也有可能使得他們原先可以得到安全和安定的文化歸屬感和國家認同感，不斷弱化。

　　擁有網路空間的主導權，或是懂得善於運用網路空間人，他們都是以向國家權威挑戰，甚至讓國家在某種程度上依賴他們；但另一方面，知識和財富均為弱勢的個人或團體，他們又迫切需要國家，依賴國家；國家處在這樣的情境中，往往陷入進退失據的地步中。

　　在網路空間中，人際關係變得既隱晦又快速直接，去掉許多時空阻隔和肢體語言操作的因素；上線（on line）聊天交友、尋求慰藉，高談闊論，甚至進行政治參與，向政治系統輸入種種的要求、批評甚或是支持。這樣一來，政治參與似乎變得非常輕而易舉，上線式的政治參與有可能逐漸蔚為新形式的主流政治參與方式，而其所延伸創造出來的模式、意義和效應，恐怕將不同於透過傳統媒體或主要依靠人的身體實踐所進行的政治參與，亦即，將形成一個新的政治參與典範，超出舊有的典範所能詮釋和理解的範圍之外。

　　此外，由於資訊和知識成為當代財富的新的內容，貧富之別，不只表現在以貨幣、證券、貴重金屬、土地房屋等等的多寡之上，還更表現在能否擁有資訊和知識的主導權；資訊富者和資訊貧者的階層劃分正在成為現實，這兩個階層間的張力，將可能成為未來政治迫切需要解決的問題。

不過，資訊富者內部並不如一般浮面的想像，會形成高度的共識；透過網路所形成的社群，呈現小眾化的現象；利益一致，興趣愛好相投或意識型態取向一致的人們，很容易自由的結合在一起；這樣會使大一統式的或集中式的意識型態操作或共識形塑工作，難以順利的進行。

當然，透過網路，人們可以期待民主或許可以進一步的深化發展；但是，網路對於民主政治的衝擊，其效應往往遠大於人們所能回應的能力之外，我們是否能以「更加民主」來概括網路影響下的政治運作，恐怕還相當值得商榷。更何況，網路世界可以橫衝直撞，超越時空地理界限，這其實換個角度說，也就是不顧時空地理甚至區域的差異性。網路世界越脫了真實世界，就連擁有網路空間霸權的國家或地區，都還不足以應付；更遑論其他的國家或地區，恐怕會產生更多適應不良的負效應。

網際網路到底是推進民主，還是會成為民主發展的阻礙，這是一個極具弔詭性的時代性議題，非常值得我們予以持續的關切和討論。

　　政府爲了制定法令和決策，必須收集資訊；同時，政府
也必須提供資訊，讓社會大眾知道政府正在做什麼，爲他們
提供什麼服務，或正在計劃做什麼；就算極權的政府也必須
告訴社會大眾；政府希望他們做什麼或不能做什麼；再而，
政府也必須設法管理社會大眾使用資訊；或者規範社會大眾
彼此間，政府與民眾，以及民眾與不同國家民眾之間資訊的
交換或交流。但是，資訊的流通，因爲資訊媒介，尤其是網
際網路的發展，跨越主權、地理界限和政府的控制能力之外，
使其對於一個國家的安全和政府的穩定；投下了巨大的變
數。過去，透過沙龍、咖啡吧、小型集會場所、報紙、電視、
收音機、出版品、衛星傳播等媒體所促成的政府和民眾之間
的政治關係和經驗，已經不足於用來理解、分析甚至解決透
過網際網路所形成的政府／民眾之間的互動關係和問題。因
爲，公共領域的操作、政黨的運作、政治參與、社群組合、
人際關係和犯罪手法等都將呈現新的樣式，這些都不是循著
既有的政治原理、典範和認知所能置喙的；政府的能力將遭
到巨大的挑戰，而極權政府所受的衝擊雖然其方式與其他類
型政府所受的不同，但力道絕對同樣是非常難以承受的；而
就如前述，這樣的形勢，到底是將政治推向更民主化的方向
發展，或是導向無政府主義的混亂狀態，恐怕是政治領域的
最嚴肅的課題。資訊科技的發展，永遠都具有突破政府管理

規範的可能性，這是對現代政治最具顛覆性的致命打擊。

　　啓蒙以來，早在笛卡兒的思想中就認為，在人之外存在著客觀的不以人的意志而轉變的世界，人可以透過客觀的途徑來加以認識，而人的理性也就在這種過程中表現出來；人與外在世界間可以建立合理性的客觀關係，而人因此所獲得的知識是客觀的知識。而在培根的思想中更進一步認為，人所獲得的有關外在世界的客觀知識，是可以被人用來預測控制外在世界，透過客觀知識的獲得與運用，人可以宰制自我，人與自我之間是一種等級關係；於是，人與外在世界關係，不只是合理性的客觀關係，更是一種技術控制關係。而在霍布斯的思想中則認為，人是物理有機系統，人的行為和生命表現，是根據趨樂避苦的原則來運作的，因此是合理性的，亦即人是自利的但卻是理性的；而當人面對外在世界資源相對匱乏，為避免玉石俱焚，人們會願意訂定社會契約來保證彼此的安全，這也是一種理性的選擇。

　　霍布斯認為社會是有機個體的集合體，社會運作脈絡可以從人的互動來加以掌握，而我們可以從客觀的向度來理解掌握人的形行為互動，因此社會也可以被客觀瞭解和掌握。亞當斯密的經濟學，強調透過市場這隻看不見的手，人不但可以追求滿足合理性的自利，而且人與人間可以形成一種自我的利益和諧的格局，準此以觀，亞當斯密可以說是經濟學上的霍布斯。

從培根、笛卡兒、霍布斯以及亞當斯密一脈發展的思想，呈現了啓蒙以來工具和策略理性逐漸膨脹的現象，而這種形勢的發展表現在政治分析、社會分析以及企業管理分析上就是所謂技術官僚主義或專家治國論以及前述的所謂社會泰勒主義。至於這種理性選擇思想反映在研究方法論上就是所謂理性選擇途徑的盛行。此途徑預設人是工具或策略理性的化身，外在世界是可以透過成本風險估算的世界；於是人成爲估算成本風險的機器，而外在世界也成爲以成本、風險和利潤爲主體的市場。至於價值規範因素如果不能被轉化納入成本估算範圍的話，就會被存而不論，甚至被取消或抹煞掉。

這種理性選擇途徑，強調人會按照客觀合理性的法則去進行行爲選擇，先將人客觀化以及物化，然後說人在這種客觀選擇時可以表現理性，這是一種矛盾；其次，這種途徑更將外在世界化約成可以透過成本風險估算的世界，然後認爲人可以透過客觀合理性的途徑去面對它並作出行爲選擇，這是另一種矛盾。再而，這種途徑從追求效用和效益最大化，以及自我中心主義去論人的行爲選擇，其實並無法真正揭開人所選擇的行爲目標的屬性內涵，以及人的策略和選擇的更深層的意涵和人所處的現實情境的複雜的屬性[6]。

　　而隨著資訊科技的發展，這種理性選擇的途徑的聲勢獲得進一步的發展。論者主要認為，透過資訊科技的進步，人的選擇的合理性更加能獲得深化發展。人成為資訊的載體中介或轉接站，讓人更能成為估算成本風險和效益的機器。

　　從啟蒙以來，對方法論的討論，必須與本體論、認識論和人論（anthropology）結合起來進行，而這四個向度在傳統上又有主觀主義（subjectivism）和客觀主義（objectivism）兩個最具代表性的流派[7]：

　　以下接著再按本體論、知識論、人論和方法論四個面向逐一說明。

一、本體論是探討作為我們研究對象的外在世界，它的本質是什麼？

(一)從客觀主義來看，形成實在論（realism）

　　它傾向將作為研究之外在世界看成是一個硬的（hard）、客觀的與既予（given）的世界，亦即將外在世界看成是獨

---

[6] Daniel Little, *Rational-Choice Models and Asian Studies*, 50, no.1 (February 1991), pp.36-40.

[7] Gibson Burrell & Gareth Morgan, *Sociological Paradigms & Organizational Analysis*, Heinemann, 1982, pp.4-7.

立於人之外，不隨人之意志而轉移的世界，而人基本上是旁
觀者的角色。

(二)從主觀主義來看，形成唯名論（nominalism）

它傾向將外在世界看成是一個軟的（soft）的世界，是
人主體生命表現或實踐之場所，亦即外在世界是人主體生命
的一部分，它會隨著人之意志而變化，是屬於人生命環結的
一部分。把這個觀點推向極端，它可以把週遭世界看成是人
主體生命創造下的產物，是人的生命實踐的一部分，甚至是
人所賦予或詮釋的意義結構網絡。

二、認識論探討到底我們能夠獲得有關什麼樣的知識，及我們能用什麼方法去區隔知識的真偽問題

(一)從客觀主義來看，形成實證主義（positivism）

從這個觀點出發，我們所獲得的知識是硬的、客觀的知
識，具體的像鋼鐵一般不可改變的知識，伴隨這個角度出發，
我們可以很嚴格地區分知識的真偽，當人們發現存在於整個
外在世界基本秩序、規則與基本關係，人就會按硬性之規則、
方法去進行操作，如此社會科學之研究幾等同於自然科學之
研究。

採取客觀主義的立場，又可分為證實主義和證偽主義兩
種，證實主義認為透過實驗可以證明命題或假設為真；否證

主義則認為任何科學實驗不可能證明命題或假設為真，只能證明其為假。不過以上兩者皆強調可以按照一客觀過程去獲得客觀知識，以區分客觀知識的真偽。

(二)從主觀主義來看，形成反實證主義（anti-positivism）

從這個觀點出發，我們所獲得的知識是軟的，是在人的主體生命影響之下主觀的知識，所謂知識只不過是人為的心靈意識對整個外在世界所作出的理解或意義建構。將知識看成是以語言符號為主之意義結構網絡，那麼知識很難有真偽的問題，也沒有放諸四海皆準的知識，只有相對真理，沒有絕對真理。

三、人學探討人在面對整個社會世界時，人的本質角色是什麼？人的定位是什麼？

(一)從客觀主義來看，形成決定論（determinism）

因為其傾向於走決定論與機械論的道路，傾向將社會世界當成是外在的、客觀的、硬的、不可改變的世界，因此人在面對此外在世界時，採取的是順從的態度，只能發現此客觀世界的客觀法則，主體的研究行動已被外在環境按照機械化方式決定了，基本上在人的研究上，人的自由意志與創造空間是不存在的，人是被動性的存在著。

(二)從主觀主義來看，形成意志論（voluntarism）

因為其傾向於走意志論的角度，將外在社會世界看成人主體詮釋創造之產物，把外在社會世界主體化、人化與內在化，人就擁有主體能動性、創造性的角色。

四、方法論探討到底我們可以用什麼方法、途徑去獲得知識，而用此方式、途徑所獲得之知識，基本上會用何方式與作為主體之研究者，進行互動與交往，而它的正當性與合理性的基礎何在

(一)從客觀主義來看，形成普遍主義（universalism）

它傾向於走普遍主義的觀點，研究者僅能按照客觀的、近乎公式化的、可以重複的方法與步驟去獲得外在世界的知識，這些方法與步驟，具有普遍有效之意涵。由於是被整個外在客觀、實在世界所決定的，故可以強調價值中立，人是順從外在人文社會世界之旁觀者，外在世界不依人之意志而改變。

(二)從主觀主義來看，形成表意論（ideographicism）

它傾向於表意論之立場，基本上認為人面對社會世界，人所能採取之方法或途徑，具有一次性，而不是重複性，人無法按照既定之模式或途徑，去獲得社會世界之知識。此觀點認為人掌握外在社會世界，其實是與自我生命作高度內在

化之對話，是要進一步去詮釋、理解自我生命之意義，每個
人面對外在社會世界會依整個主體生命之經驗而作解釋，故
價值中立以及研究必須客觀等問題是不存在的。

　　一般而言，走客觀主義之途徑，很容易自覺或不自覺認
為以自然科學作為研究模本，以自然科學去研究社會世界，
很容易將社會世界等同於自然世界，不會對社會世界與自然
作出應有之區隔，基本上，知識與真理是與客觀實體相對應
的結果。客觀主義承認了在社會世界之客觀性，人必須採順
從態度，去發現社會世界之因果關係。

　　走主觀主義的途徑會將社會世界內在化、人格化、主體
化。若進一步朝人格化作解釋，會傾向把社會人文研究當作
是人不斷去塑造自己生命意義之活動或過程，亦即這是意義
重建之工作[8]。

　　而隨著資訊科技的發展，知識資訊化，知識以資訊化為
載體；由此進一步，延伸出一種觀念認為，其實知識不是來
自事實，而是來自資訊，來自語言符號，事情沒有真／假，
它只是「語言的」，任何事物出現在人面前，都早已透過資
訊以及語言符號來呈現了；因此，實不應而且不必作出「主

---

[8] 王岳川、尚水編，《後現代主義文化與美學》，北京大學出版社，1992
　年，170~172 頁。

／客體」的區隔。前述不管是主觀（體）或客觀（體）主義者，都賦予了主體或客體世界神性，使主客體具有反資訊反語言符號以及超越資訊，超越語言符號的特性，這將使論述和具體的研究都落入神祕主義的困境之中。從這種資訊主義再往前發展，會進一步認為社會也是資訊的，語言符號的，而種種制度也是因為資訊和語言符號而成為可能，人與人之間只能透過資訊和語言符號形成連結關係，並無所謂透過交互主體性溝通互動所形成的共識或凝聚力的存在。

如果依照上述這種資訊主義的看法，啓蒙以來奠立在「主／客體」區隔的本體論、知識論和方法論，都應該被拋棄；不過，跨越「主／客體」的區隔，人還有辦法去進行有關社會人文世界或自然世界的研究嗎？沒有「主／客體」的區隔，本體論、知識論和方法論還能成立嗎？

第2章

網路世界與全球化

　　資訊科技的發展促使人類社會、政治和經濟運作的全球化（globalization）趨勢更爲明顯。在這裏我們先就政治層面來說明資訊科技與國際政治的關係。

　　當代觀察國際政治的典範不外乎有兩種：即現實主義（realism）和自由主義（liberalism）。而這兩大典範本身各自都延伸出一些相關的典範，形成一個光譜。

　　現實主義典範主要是建立在以下三個主要假設上：(一)民族國家是國際關係的主要行動者，國際關係的結構是以國家爲中心的；(二)國際政治的特質是無政府狀態，因爲缺乏像國內政府那樣的權威的存在；(三)國際政治是權力鬥爭的政治；民族國家在國際領域中必須進行你死我活的爭生存的鬥爭。從這三個假設可以看出，現實主義非常注重區分國內和國際國際政治，從國家中心主義出發走二元區隔的途徑，認爲國際政治主要是追求國家利益，裨益國家的生存[1]。

　　從上述這種傳統的現實主義進一步發展出來的叫做新現實主義（neorealism）或叫做結構主義（structuralism）。新現實主義認爲，國際體系是一種結構，會形構影響國家的行爲。亦即傳統的現實主義認爲，每個國家都會爲了追求國家

---

[1] Roger D. Spegele, *Political Realism in International Theory*, Cambridge University Press, 1996, 14. 17. 83-88, 90.

利益求生存而進行與其他國家的鬥爭；而新現實主義則會認為，每個國家追求國家利益所採取的政策和行為是會受到國際體系所形成的結構的制約和影響。不過，不管是傳統的現實主義或新現實主義都會認為，追求國家利益是民族國家自然的和不可被分割的權利，追求國家利益是國家做為一個完整主權的體現；而所謂追求國家利益是以追求國家主權和國家安全最為優先，因此，所謂追求國家利益是以追求國家領土的完整不受侵犯、內政的獨立自主以及國家的生存發展為標的。

從現實主義這種邏輯出發，很自然的會把爭奪各種資源、土地甚至影響力視為國家正當的國際政治行為，如果再從這種立場延伸下去，那麼國與國之間爭奪政治、軍事、經濟乃至於文化的優勢和主導權，也會被視為自然。杭廷頓（S. Huntington）提出文明衝突論，基本上還是可說是屬於現實主義的立場；不過，文明衝突論的提出，當然也標誌著國際政治研究典範的主體範疇從「權力」、「經濟」到「文明」的轉移[2]。

而在以電腦為基礎的資訊化科技發展的衝擊下，資訊化

---

[2] Huntington, Samuel P., "The Clash of Civilization?" *Foreign Affairs* (Summer): 22-49, 1993.

知識成為直接社會生產力主體的同時，國際政治以爭奪資訊化知識的主導權為核心，而那些掌握資訊化知識的生產分配主導權的跨國企業，更有可能成為影響國際政治經濟甚至軍事文化發展的主要力量。因此，當人們在注視杭廷頓的文明衝突論時，也必須更加注意由於資訊科技發展所導致的國際政治的主體範疇從「權力」、「經濟」到「資訊化知識」的轉移。

一方面，由於資訊科技的發展，強化了西方文化和文明全球化發展的趨勢，西方國家或跨國企業憑其所掌握的資訊化知識的生產分配主導權，突破主權的界限，提供其他國家學術研究、大眾文化和精緻文化源源不斷的內容和參考架構，甚至影響其他國家的集體認同的圖景。而順著這種全球化趨勢的發展而來的，是所謂文化或文明一體化的趨勢，當然這種一體化的要求是建立在西方中心基礎上的，其具體的體現是突破各國的主權界限，擴大跨主權的文化從而也是政治和經濟的影響力。在一體化的要求下，開放政策、經濟國際化和自由化便成為以西方為中心的普遍訴求；在這種訴求下，文化和經濟的一體化被認為是正當自然甚至是必要的；為了架構這種一體化的趨勢，很多國家被要求資訊和貨幣金融流通的自由化，甚至被迫從事所謂資訊工程的基本建設。從事這種建設，是每個國家進入資訊科技發展列車的基本條件,但同時也因此而被納入掌握資訊化知識生產分配主導權的跨國企業和國家影響制約的範圍之內。

在資訊科技發展的列車中,各個國家和跨國企業將爭奪提供資訊化知識的內容、軟體和硬體的主導權,其中尤其以提供內容的主導權尤為重要。而搭上和沒搭上資訊科技發展列車的國家之間,經濟發展的差距可能將更為明顯,其間的經濟依賴和宰制可能將更為明顯;值得注意的是,沒有能力進入資訊科技發展列車的國家,有可能選擇逃離資訊科技或形成反對以資訊科技發展為主的文化和文明發展趨勢的態度。此外,面對以資訊科技發展為槓桿的文化發展一體化的趨勢壓力,許多民族國家到頭來可能會回到宗教和民族主義中,尋求抗衡的憑藉;因此,整個國際社會所呈現的是一體化和分歧化的基本教義訴求交織在一起的後現代現象。

現在,地緣、民族、地理或其他任何自然因素意義上的國家,不過是「地球村」中國際社會環環相扣鏈條上的大小環節。國家一方面愈來愈受到區域性和全球性的超國家組織,如世界銀行、國際貨幣基金、世貿組織、聯合國、東盟、歐體等的影響;而另一方面也受到跨國組織和非政府性組織,如跨國公司、奧林匹克委員會、宗教團體、環保團體、網路駭客組織的制約影響。國家正在與這些力量競爭誰是國際舞台的主角。

　　不過，基於地緣概念的主權和國家安全觀；正在因爲資訊化所加速促成的全球化趨勢，而顯得過時。主權的範圍不再能夠從包括領土、領海等自然空間來加以界定，而對國家安全的威脅，已不再只是對自然空間的武力侵犯和打擊。網路空間的出現，使得國家疆界就不再限於自然空間的界限上，而網路疆界成爲國家必須重視的課題，網路疆界突破自然空間的侷限，顛覆了傳統的主權和疆界觀念；它雖說是虛擬的，但卻又是真實無比，對傳統的國際法和國際政治，將形成重大的衝擊。

　　未來一個國家有可能擁有雙重的主權，一種是地緣或自然空間延伸出來的主權，另一種就是網路主權；這兩種主權絕不可能一致。不過，網路主權的延伸或不斷擴張滲透，將會愈來愈能代表國家力量的展現；捍衛網路主權和疆界的重要性將不會亞於對有形主權和疆界的捍衛；而且，對有形主權和疆界的捍衛，將必須更多的借助資訊化的手段。

　　當然，對於網路主權和疆界的維護，其困難度將不下於對有形主權和疆界的維護，甚至有過之而無不及。防不勝防，易攻難守，將是這種困難的最佳寫照，不知道敵人或攻擊者會從何處何時進攻，沒有白天黑夜、平時戰時、前方後方、平民軍人或年齡性別的區隔和分別。而且，讓人難堪的是，攻擊你的，可能是一個人或一小撮人透過一個鍵盤就可以完成。駭客的黑影幢幢,病毒隨時都可以使網路疆界陷入混亂。

　　因此,資訊網路大國一方面似乎神氣活現的掌握資訊優勢和主導權,可是另一方面卻必須經常繃緊神經,面對各種可能突如其來的突擊。大國無法真正的成其大國,在其所擁有的龐大的資訊網路疆界中,處處存在著可能被攻擊的點。在傳統的強權國際社會中,小國或力量小的團體,必須在強權的肆虐下卑躬屈膝的苟延殘喘,可是在資訊網路世界中,卻存在著以小搏大的可能性。

　　本來,在核武時代所形成的「確保相互摧毀」的「恐怖平衡」,也有可能因此而被解構。因為,在資訊網路疆界中,幾乎永遠是敵暗我明,可能被威懾的對象,幾乎是飄移不定的;而且,當你遭受攻擊時,可能也無法查知是誰在攻擊你。

　　況且,資訊網路疆界,是一個多維的世界,跨越三度空間,虛擬中有真實,真實中又見虛擬,在其間可以進行綜合式的互動,涵蓋貿易、金融、軍事和非軍事的種種層面;因此,從資訊網路疆界所延伸出來的是一種全方位和多維的國家安全觀。「禦敵於國門之外」式的安全觀已經一去不復返,戰場就在你身邊,敵人就在網路上,差別只在於可能沒有硝煙味,或沒有血腥氣而已。與網路疆界觀相應的,就絕不只是國際安全問題,而更須要把政治安全、經濟安全、文化安全等各方面的安全需要都納入目標區,這是一種大安全觀,而這種多維的安全觀又以確保資訊安全做為最高的統攝性目標。

傳統的國際法或種種的國際政治規範,都是針對有形的疆界和主權的規範;可是,在資訊網路疆界中,卻讓這些法規條例陷入無用武之地的困境中;迄今,資訊網路疆界還算是一個非常缺乏規範的蠻荒叢林世界;政治人物、法律專家、經濟專家和技術專家雖然已經在思索如何進行規範,可是卻很難在這個既虛擬又真實的世界中找到一個具體可靠的著力點;資訊網路疆界的幽明難判,再加上資訊技術的不斷突破翻新,在在都使對資訊網路疆界的規範,困難重重。

資訊技術和產業的發展是造成經濟全球化的重要原因之一;它們減少了資本與交易操作的成本,而且不受限於國家機器和主權規範的限制;因此,從全球化的向度觀之,資訊化的發展也削弱了國家主權,主權不是不可爭辯的基本價值;而隨之而來的政治認同和意識也不再是隨主權取向而轉移,由單元的認同效忠轉向多元的忠誠;而且,國家調整經濟、社會和政治問題的能力也可能相對的被削弱;尤其是經濟議題的「決策權」已經從國家或國家內部的族群,轉移到全世界無數經濟參與者手中;亦即政策的制定與執行,都不再純粹是在民族國家內部來進行,而可能是透過全球化和資訊化的跨越主權國界的網絡來決定的。如此一來,以民族國家為單位的政治系統論者，將會面臨困境，必須把所謂政治系統由國內轉向全球化，而這種系統的擴大化，將推翻或至少撞擊既有系統論分析架構；未來所謂的政治系統，都將建立在全球化的基礎上，而每個民族國家有可能都將被納入同一的全球化系統之中。

在資訊化所導致的全球化的結構中，公民身分的取得將隨主權的被侵蝕，以及政治認同效忠的多元化，而可能變得愈來愈沒意義；多重公民身分，或自認是屬於世界公民的意識可能將愈趨抬頭。單一的公民身分，不再被當成是可貴的政治情操，而可能會被視為對全球化和資訊化趨勢的無動於衷。更值得一提的是，透過網路空間和網際網路，所創造的跨國界和主權的世界，人本來可能就會形成多元的虛擬主權認同，而不再受限於現實的單一的主權效忠或公民身分的制約。

資訊化加速全球化的發展，並且把個體更為迅捷快速的拋入全球化的漩渦中；一方面，個體（個人或社群、族群）除了紛紛感受到全球化趨勢的不可逆轉壓力外，另一方面，則會因為這種感受而產生一種被驅逐感與被剝奪感——感到個體的無力、孤獨與空虛。每個個體似乎都覺得自己被架著走，而沒得選擇的必須順著資訊化和全球化的勢頭走。在這種被驅逐和剝奪感的制約下，個體就可能會想重建他們所謂個性或主體性，於是民族主義，對外國特別是西方的恐懼討厭，或其他形形色色的部落主義、種族主義和基本教義主義就會紛紛出籠。資訊化一方面加速全球化趨勢和一體化，可是另一方面又提供了人們企圖重建或回歸個體性的憑藉，它對個體而言是具有一體兩面的效應。全球化、一體化和不斷要求打破國界主權，不可避免地會導致更多凸顯差異和反對開放的現象，而這種反向趨勢，可算是對全球化和一體化的一種反動。全球化和凸顯差異，或是世界主義與沙文主義或基本教義主義，其實是一體的兩面，它們平行地進行著，互相強化和印證對方。因此，世界各地可能會出現一種現象：一方面看好萊塢的電影、影集，收看 CNN 的新聞，吃麥當勞的雞塊，喝可口可樂；可是一方面卻會宣示所謂傳統價值或種種基本教義主義的重要性。例如中共從 1980 年代以來，一方面向西方的資本、技術甚至包括文化在內的種種產品開放，可是另一方面卻不斷宣稱要反西方加諸於中國的和平演變。

　　全球化被議論的核心議題是，是什麼因素或力量主導全球化，亦即全球化指的是誰的全球化；因此，有不少論者認為全球化是西化的普遍化，其基礎是西方沙文主義。資訊科技和網際網路的發展，一方面加速經濟和文化的全球化，西方取向或中心的文化和經濟價值不斷擴散，不斷要求具有更廣的普世地位；但在另一方面，卻允許更多凸顯差異性的族群匯集在一起。因此，其結果是，全球化的現象愈滾愈大，可是同時主張差異的群體和族群可能會愈分愈細。如此一來，國家一方面應付不來全球化經濟的大肆擴張，另一方面則必須面對愈分愈細的具有更纖細基本教義性質的群體的挑戰。

電腦和通訊技術的發展，加快了全球化的步伐；而全球化的發展，又反過來強化對資訊化程度的需求。許多樂觀主義者認為，在全球化和資訊化交互作用的情況下，雖然已無法像以往那樣自由地掌握經濟或政治，但全球從包括資訊在內的技術進步和經濟一體化獲的速度將是空前的；全球人口的經濟平均水平將因此而提高，而且政治自由的程度也將提升。不過，也有論者認為，經濟全球化的益處將會不平等地分配而集中在資本家或資訊精英和技術精英手中；因此將更使全球範圍的貧富差距和階級分化更加深化發展，而受害最深的，將是那些沒有技術的工人。這種情況將加劇國家內部的階級矛盾，而如果國家受制於跨國的資本力量，無法對其有效反應時，國家的政治正當性和合法性將會受到侵蝕；缺乏國家仲裁約束的階級矛盾衝突，將會衝擊資本全球化的發展，甚至使全球市場陷入不穩定，如此一來，資本主義將在全球範圍內陷入新危機。

　　擁有巨大資本和資訊技術的西方國家，是經濟全球化的重要推手，並且形成全球化對任何國家而言是不可擋的勢頭；全球化對這些國家而言是資本運轉和技術發展的邏輯結果，而不見得是生死存亡的大事；但對於其他國家而言，面對不可逆轉的全球化，如何加入世界經濟體系中，可能就是其是否能脫貧的生死攸關的大事。因此，他們必須一方面對外開放接受全球化，但另一方面又必須從堅持國家主義、民族主義或其他基本教義主義來保證自己不會被全球化所消蝕而失去其自主性或獨立性。

　　這樣一來，不發達國家的資訊精英，因為受惠於跨國公司和資訊化，他們的國家意識有可能日趨淡薄；而反過來，發達國家中的下階層由於受到資訊化的衝擊，有可能激發起明顯的排外情緒。因此，資訊精英會傾向於認同支持全球化和經濟一體化的發展，但下面階層則可能會從民族主義、本土情結和排外情緒，反對全球化和經濟一體化；這樣一來，他們就仍然需要依賴國家的保護，國家主義可能將成為他們的寄託。不過，未來的國家的主體，可能都將是資訊精英，這些國家內部的弱勢者受全球化的資訊精英的衝擊和剝削，可是卻仍然必須受國家內部資訊精英的保護。

　　因此，未來在國家內部，環繞著資訊科技所形成的族群，將成為一個特區；在他們的意識結構中，全球化意識蓋過國家意識;但在他們之外,將仍是堅持國家意識的重大族群,這種力量將促使國家採取一些反對或抵觸全球化的政策措施,如貿易保護主義,管制外國移民等。

當然,也有些非西方國家(或非發達國家)的資訊精英,雖然相對於其國內的其他階層已經擁有更好更多的收入、或地位;但是,一經與發達國家的精英階層比較,他們可能又會覺得永遠低人一等,得不到公平的對待;在這種相對比較落差的心理制約下,他們仍然可能會認同於國家,並且期望國家能強大到可以拉平他們所受的差別待遇。

科技的發展對於國家而言,是雙面刃,一方面可能強化國家的能力,甚至侵蝕國家的權力基礎。因此,國家經常被迫必須採取某些抑制科技變革的措施;例如,現在不同發達程度的國家,幾乎都在抑制民間對於加密技術的開發,這當然有可能妨礙科技的發展。

不過,在科技發展的強大勢頭的壓力下,國家要強化其能力,鞏固其權力基礎,當然必須運用結合科技。因此,未來國家的資訊化是一個無法擋的趨勢。而國家的資訊化,將使未來國家的統治者更明顯的是科技精英或技術精英,他們與非政治領域的資訊精英之間,利益結合的程度將遠超過利益的衝突;因此,資訊精英的網絡結合,將是未來政治的主流。

　　資訊精英所匯合起來的產能和財富，將是整合世界和每個國家產能和財富的最主要來源；因此，無可避免的，國家必須和資訊精英和高科技族群形成更緊密的結合；國家必須設法去爭取拉攏他們，這些精英族群將成爲被國家社會分享的國際財。但是，如何爭取拉攏這些精英力量，也將成爲一國家相當重要的經濟和外交政策；不過，由於種種客觀環境和條件的制約，一些原先就擁有高科技發展優勢的國家，特別是美國，將繼續可能吸引更多的資訊精英；因此，在未來世界的地圖上，高科技族群和精英可能更高度的傾斜集中於美國這樣的國家；科技發展上的貧富之別，將更明顯的呈現在國際社會中。資訊化並不能完全地在世界每個角落實現，撒哈拉以南的非洲國家，迄今仍然看不到資訊化的影子；將來，他們是否有能力進行資訊化所需的基礎建設，仍然是充滿問題。

　　由於網際網路在人們日常生活，經濟運轉甚至行政系統操作中扮演愈來愈重要的角色；因此，網際網路也同時會成爲犯罪的溫床或直接成爲恐怖份子攻擊的目標。在網路上，我們經常會看到匿名仇恨性電子郵件，非常粗暴的言辭或林林總總的反社會的言辭。有不少人借助匿名郵件服務、或者複雜的交叉發佈過程，在網路上宣洩想法和情緒。這些林林總總的行爲和現象不只涉及到是否違法的問題，還對各國的政治運作進行挑戰。

　　網際網路是屬於全球的，要能全面有效地抑制網路上的非法行為，除了各國應該有所立法外，還必須各國之間有跨國性的國際協議的確立。而不會是各國的單一立法或國際協議，基本上都存在著與資訊科技發展速度賽跑的問題。

　　而且，網際網路是不受集中化權力機構管制的領域，在這個領域中恐怕無法出現或存在普遍劃一的法律。更引人注目的是，環繞著網際網路已經隱然形成一個跨越地理疆界的「網路族」（cybernation），這是一個正在演化甚至可以自行組織的社群；他們可能會自行形成一套不見得被各國政府喜歡，但卻符合自身需要的行為規範[3]。一些網際網路的用戶確實已經提出網路族的獨立宣言，儘管這種動作迄今仍然遭到許多的訕笑；但是，網路族按照自己的邏輯繼續往前發展是可以預期的。

　　印刷出版技術的出現，曾經對於民族主義和民族意識的宣揚和昂揚起了一定的促進作用，並且導致了林林總總的民族國家的產生；而今，隨著資訊科技的發展，「網路族」的

---

[3] 「網路族」（cybernation）概念，請參閱 Neil Barrett, *The State of The Cybernation*, Kogan Page, 1996, pp.14-15.和其中文譯本巴雷特著，李新玲譯，《賽伯族狀態》，河北大學出版社，1998 年，6~7 頁。

存在是一個不爭的事實，而現有的單一國家或跨國協議，都是立基於傳統的民族國家和科技水平的基礎上，由於典範基礎的不同，其實很難制定一套能有效合理管制「網路族」的規範。而「網路族」的演化發展，有可能促使各民族國家必須配合網路族的邏輯機制；否則，有可能會被網路族視為發展的障礙。亦即國家政府可能必須變成這個以全球為範圍的族群聯結的站點，而「電子化」或「資訊化」可能就是國家或政府扮演這種聯結角色所必須走的方向。國家或政府的立法或其他相關的政治作為，或許都變成只是為了讓網路族能夠更平順演化發展的手段或工具而已。

網路族既要堅持言論自由，又要主張隱私權、著作權和版權的保障；既有世界主義意識，但另一方面又仍然需要國家或政府的保護。因此，網路族是要求全球一致性或凸顯差異性的辯證統一體。在要求全球一致化的向度上，網路族要求國家或政府愈少干預愈好，或者儘量放棄硬性主權主張來進行配合；但在要求差異性的同時，又要求國家要能發揮功能保護他們的權利和獨立性。

當網際網路在日常生活中的比重愈來愈大，將會使更多人必須依附在網際網路這個載體（matrix）或母體上，成為網際網路的寄生體。到頭來，網路族就不再被視為虛擬的，而會產生豬羊變色，虛擬變成真實，原先所謂的真實反而變成是虛幻。這樣一來，網路族雖然不是有共同祖先的族群，可他們卻有共同的宿主；這個宿主的的含攝力，將隨資訊科技的發展和全球資訊基礎設施的擴大而強化；亦即，這個宿主將依托著各個民族國家的資訊建設和投資而增強其含攝力，但它將侵蝕既有的民族國家的權力基礎、法律規範和價值體系。在未來，民族國家或跨國力量的合作與這個作為網路族的宿主的網際網路的既聯合又鬥爭的關係，將會制約影響人們的生活。

經濟和文化的全球化的發展過程，將更大的依賴網際網路；可是在全球化制約下，要求凸顯差異性，則可能必須依賴民族國家的力量，或跨國間的協議。此外，民族國家也有可能企圖透過網際網路這個宿主，爭奪全球化的主導權，但任何一方都不能破壞傷害這個宿主，否則將傷到自身，或轉過來成為全球的公敵。

其實，從廣義而言，網路族雖然擁有共同的宿主，但他們絕不會是一個統一體，而是會呈現「族中有族」的現象。在共同宿主的承載下，許多跨越地理界限和主權區隔的人，發現有共同的興趣、觀點和希望而被拉在一起，並且願意對族群有一種承諾，這種集體精神是跨越國界的，能否與國家認同或民族認同相銜接，將成為網路族的課題。

在民族國家內部，早已出現透過網際網路直接連接起來

的社區，這種社區既有具體的物理共同性，也有共同的網路
宿主。其實許多大學和研究機構，都是這種社區或社群。在
這種個案中，宿主所扮演的是提供社區或社群互動的便利
性，這當然有可能增強他們政治上的共識，但卻不必然會有
這種結果。

此外，也有基於特殊習慣和興趣的團體，透過網路而聯
結成全球性的族群，如全球觀鳥族群，網際網路提供他們一
個內部通訊的系統。這種族群基本上不會涉及到種族、文化
或國家認同的問題。有些族群，就算他們不用網際網路，仍
然會有相當強的種族和文化認同。當然，如上述因為網路而
被連結在一起的族群，相對會有比較棘手的種族和文化認同
的問題。這種族群可能是因為參與網際網路的討論而產生認
同感的；這種認同感的實質與持續性是否穩固，能否有效的
蓋過物理世界中的國家文化和種族認同，是一個複雜而且爭
議高的問題。

第3章

網路世界的隱私權和法律問題

電子郵件比起打電話，其主要優點是可以避開時間差。而其措辭文字一般都比寫信少一點正式，但又比打電話多一分正式[1]。

電子郵件也涉及隱私權的問題，而為確保隱私權，通常都必須進行加密措施，例如譯成非當事人無法破解的密文，或是確保在發送過程中，內容不會被改動。有關這方面的討論，後面會再章節討論。

網路也可以提供聊天的空間，讓用戶可以與別人特別是志趣相投的人自由閒聊。這應算是網路為人所創造的一個跨越物理界限的生活空間。而這個空間也將對人的感情、交友、工作方式產生影響，在自己家中或斗室中去捕捉感情、友情，並且操作工作。這種閒聊如果可以輔以語音和影像的話，將使電話的地位和角色受到影響，但到底是否能替代電話的地位，是一個仍待觀察，而目前也相當有爭議的課題。

當然，網路也可以為人們創造一個以特殊議題討論為中心的論壇，這應該算是一種公共領域或空間。這種論壇可以透過相對開放非控制的「新聞組」（newsgroup）或控制型的討論，或是將上面的閒聊發展成為聊天室，來加以實現。但

---

[1] 巴雷特著，李新玲譯，《賽伯族狀態》，河北大學出版社，1998 年，28~32 頁。

是，不管是控制型還是非控制型的討論，提供討論稿的人之間，可以是互不相干，並且是相互看不見對方；從這個角度觀之，網路的討論被認為是民主的。但是，由於參與討論的隱匿性，參與討論者經常會用一些非常粗俗的辱罵的文字，被認為侮辱或侵犯人的人格；有些人從這個角度認為，網路討論看似民主，但其實是一個自由過度氾濫的文字叢林。其中尤其是非控制型的新聞組或討論，更會包含五花八門，甚至是亂七八糟的內容。因此，控制一些年齡層的人進入不適合他們的新聞組中，是網路服務商或是父母應負起的責任。

網際網路的討論具有全球性、連續性和快捷性。而參與討論者將他們的意見內容傳送的過程，不會像透過其他媒體那樣容易受到篩選甚至更動；這樣就很容易使討論經常陷入無序或混亂；對於一些專制政府來講，這是非常不能容忍的棘手問題，因此，他們便會使用各種方法阻止人們使用或參與網際網路的活動。但是網際網路的普遍化發展是很難控制的，專制政府想要控制太多太嚴，反而會搬石頭砸自己的腳。

由於網際網路的討論在原則上，是一個所有懂得上網的民眾或公民都可以參與的領域；因此，有人就由此設想以直接民主去替代代議民主，甚至提高公民投票的合理性和可行性；這些設想對於傳統的政治運作當然會造成衝擊。

在網際網路中，你提供資訊或論點，在某種意義上，除

　　了有提供服務的意涵外，當然也具有對別人進行教育的意義。而要從網際網路中去獲取資訊，最重要的是要有篩選資訊的能力和條件，在獲取資訊的過程中，其實也是一種自我訓練，甚至是被教育的過程。

　　網際網路是通往資訊世界的窗口和管道，只要你有需要，就可以透過它去獲取他們的資訊，這中間當然涉及到上述自我訓練和教育的問題；而如果你參與了論壇，新聞組或與專業人士互通電子郵件的話，你就投入了互為主體式的啟蒙和教育的情境中。

　　從網際網路的全球性本質來看，它提供了人們一個向全世界學習的管道，透過這個管道，世界會讓你有變小的感覺。而利用這個管道的人，就必須具有篩選、交叉檢驗資訊，並且加以整合理解，從而進行推論或提出見解的能力。但是，在網際網路所提供的資訊大海中，除了有健康實用的資訊外，當然也有五花八門怪異的，甚至可以直接視為不健康的資訊；面對這種情況，人們除了要自我訓練篩選的能力外，恐怕仍然需要靠法律政策，設法讓人們可以儘可能的獲取健康實用的資訊；不過，這當然是一項艱鉅的任務。

　　所謂不健康的資訊，主要指的是色情材料。人們特別是有少年，透過網際網路可以輕易的獲得色情材料；這對於色情氾濫，當然有可能產生推波助瀾的效果。而面對這種情況，

青少年人格成長，或有關性教育，以及如何處理男女感情或
自己情緒等問題，都變得更為棘手和急迫。因為，網際網路
的特點，就是很難阻止或防止人們對包括色情資訊的取得。
除非建立本地或本國的系統，才能較為有效地控制對色情材
料的取得。

　　在教育方面，網際網路非常適合實現人們終生學習或受
教育的願望。透過網際網路取代傳統的學校教育和課堂上課
的方式，將會不斷地被採行；此外，以網際網路來取代函授
或電視及錄音教學，也會被積極的採用。教師與學生間，也
可以組成一個電子郵件組，替代傳統的固定課程的進行，這
種方式或許對於那些業餘學習的人是相當的方便，讓他們可
以自由地支配學習時間。其實，這種變通的方式，還可以被
應用到企業公司，甚至公家單位的培訓教育上[2]。

　　網際網路也可以改變工作和上班的模式，在自家上班已
成為可能：全部的工作或部分的工作在家中進行。資訊化時
代的來臨，「知識型」的工作者將成為職場的主流，他們在
大部分的時間，透過網際網路或其他管道收集、分析和綜合
資料，甚至作出推論，使其能夠被加工成有用的材料。這種
在家上班，是否能真正提高工作效率和減低工作壓力，目前

---

[2] 同註 1，55~57 頁。

仍是一個有待爭議的問題。

在工作職場中，網際網路最吸引人的地方是使遠程工作成為可能。工作人員可以隨時隨地在旅館、機場、咖啡廳或任何可以接鍵盤的地方工作[3]。當然，這種遠距工作，必須依賴行動電話和手提式的電腦，才能使工作者保持不間斷的聯繫，或隨時隨地進行電腦操作工作。這種工作操作模式，在跨國公司中可能更為實用；當然，這類的公司可以透過和網際網路的結合，建立內聯網（intranet）把散在各地或各國的工作人員和單位聯結起來[4]。

不管是在家上班或遠距工作，另一個困擾人的問題是：家庭生活和工作緊緊的混在一起以及因為時差所導致的生理或生活的失調。例如，在台灣的工作人員和在歐洲或北美工作人員要進行及時聯繫時，時差問題就變得非常麻煩；網際網路讓人可以在家上班或工作，可是人卻可能必須付出家庭生活受到嚴重侵擾的代價。

網際網路也可以改變政府機關政治人物、慈善公益團體、壓力團體的操作模式。許多政治人物紛紛建立自己的網路，擁有自己的電子信箱，並且設立聊天室、論壇區，或直

---

[3] 同註 1，76 頁。

[4] 同註 1，77 頁。

接進行和網友的對話；政府單位或立法機關，都紛紛透過一系列的網頁允許民眾訪問正在討論、修正的政策法案和各種修正案或政策的介紹。甚至有些國家，已經考慮透過網際網路發布緊急命令，或進行系統性的宣導傳播政令和法案。而為了因應這樣做的需要，相對的就必須鼓勵支持或補助那些無能力或因為經濟條件並無法使用或擁有網際網路的人，美國和英國的某些地方政府因此就有所謂建構「社會網」（social net）的計畫，以促使網際網路的使用能更進一步普遍化。

電子化和資訊化是各級政府無法迴避的趨勢，但是，建立電子化政府最令人困擾的是保密和安全問題。尤其是那些涉及到稅賦資料、國防機密、國家安全、社會福利和敏感人事資料的部分。政府部門在朝向電子化的同時，必須花費相當大的人力和預算去面對這個棘手的問題。

此外，由於網際網路在本質上是全球性的。壓力團體可以透過網際網路，形成國境內外的更有效的聯結，或形成更具凝聚力的分眾團體；這樣一來，就使得政治系統這個概念就不再能以國家疆界作為界限，或只是一個籠統的客觀概念，一些具體的分眾團體的意見，可以透過網際網路非常具體的表達出來。而慈善公益團體，如果能夠善於運用網際網路，也可以建立跨國性的共鳴和支持。

　　網際網路和相關科技的發展，打破了既存的大規模化的傳播結構（或者說是已不需要這樣的傳播結構），任何一個人或公司、單位都可以在網路上設網站，去傳達他們的想法和資訊，甚至可以向接收者出版東西。當然，設立網路如何能引起人們的興趣，繼續點選入站，則必須靠花費大量的力氣心血和各種有形的成本。不管是政治人物，商人、研究者、年輕學生，SOHO 族或任何型態的單位或團體，都必須瞭解：設網路容易，讓網路如何存活甚至吸引人則不是件容易的事。如果抱著趕流行，或應應卯，或是當做一件必要的例行公事的態度去設網站，而不能賦予網路生命和內涵，這是對網際網路的糟蹋。

　　進網路的人的目的之一，是爲了找尋與他者的來往互動，而不光只是爲了網路或網路上的內容；因此，如何讓入站或入網者有團體的歸屬感，應該是相當重要的。而且，網路所提供的介面是互動的，鼓勵高強度的參與，這種高強度的互動，才使得網路呈現生機盎然。因此，由於網路的本質是開放的，只要你願意，就可以面向全世界開放；但是，這也可能爲人的生活帶來困擾，其中最引人注意的是，如何處理垃圾電子郵件的問題，處理這些電子垃圾，可能就會耗掉人不少的生活力氣。而與這個看似普通的問題相關的是，網路隱私權和種種安全的問題。有關網際網路的管理所涉及的法律和政策，各國都仍然處在一些嘗試摸索的階段，因為，它已經超過既存的法律和規範系統所能涵蓋的範圍之外。

由於網際網路跨越地理疆界，因此相關法律和規範的建立就絕不可能以國家為單位，而必須靠國家間的合作[5]；但這種跨國合作也不甚容易，因為各國有各自不同的法律和道德觀。例如，有關色情的認定，各國的標準就甚不一致。由網際網路的運用所延伸出來的民刑事問題、日趨數字化的所有權問題，以及網上貿易規範的問題，都算是新生的事物；它們正在促使現行的法律和規範結構的改變或者解體。因此，這就涉及到如何在資訊化基礎上重建新的法律和規範結構的問題。如果政府和政治人物缺乏這種認識，仍然因循既有的法律和規範結構，恐怕將導致人們各領域生活的混亂和失序。

而且，既然對網際網路的管理是全球化的問題。除了各國的標準不同會增加這個問題的複雜度和難度外，各國政府有可能會這個問題當作籌碼，使其變成一個政治問題，來進行討價還價：你要我合作可以，但必須拿其他東西來交換。因此，對網際網路的管理不是件容易的事，它可能成為未來國際政治和經貿領域中具有高度爭議性的課題。

---

[5] 同註 1，184~185 頁。

　　再加上，由於網際網路和相關科技的不斷快速發展，會使對網際網路的管理問題，顯得更為窘迫。相關的法律和政策可能剛要或正在立法或進行，還來不及被充分討論或採納，就已經變得無法讓人滿意或過時了。

　　關於在網路互動中，非常引人注目的隱私權如何處理的問題。首先要談的是，網路互動者經常使用別名、綽號或匿名來與別人進行互動。這一方面可能可以保障自己的隱私，但另一方面卻可能造成對別人的欺騙或詐欺，我們經常看到，許多作家、藝人或你的親朋好友使用別名或筆名，行走於文藝界或其他領域，我們可能只記得他們的別名或筆名，而完全不知道他們的真名。只要他們沒有使用別名來故意隱瞞其身分以進行欺騙或其他非法的行為，法律就會允許而且保障他們。

　　在網路互動中，使用別名或匿名的現象更為普遍，但只要沒有詐欺或其他違法的意圖，這種現象或行為都無法被譴責。已經有網路提供「匿名郵件」服務，接受用戶隱藏自己的身分造訪網上的其他網路，而不會被追蹤，這種匿名服務如果與加密技術和措施結合起來，將使要求匿名隱性的功能發揮到極致。這種服務當然有可能會產生一些正面的作用，如保護一些為善不欲人知的善心人士、檢舉犯罪者、罪行報告或其他類似情事；但也很有可能產生負面的事情，如掩護非法犯罪者。

　　從保障隱私權的角度來看，這種匿名服務並不違法；因此，若要一概否定，反而是一種違法行為；但為了使這種匿名服務不會淪為非法犯罪者的工具，國家和政府卻必須加以管理，但由於資訊科技和加密技術的不斷發展，政府的管理經常都會陷入力不從心的窘境中。

　　各形各色的恐怖犯罪集團或騙徒，他們當然不會在網路通訊這種便捷的管道中缺席；他們所採取的脫罪方法，不外是匿名，隱藏實際的通訊內容或進行加密措施，因此，各國的治安情治單位都必須有解讀破密電子郵件的能力。要能及時的掌握非法犯罪的證據，最好是能夠在資訊傳遞與接受的過程中同步進行，但如果授權這些單位隨時可以透過上述的方式去閱讀或檢查，將會涉及到侵犯無辜者隱私權的問題。目前有些國家，如美國和法國對於加密通訊都有限制，而英國則並未加限制，而是讓官方有權要求接受調查者提供密鑰來解決[6]。

　　加密技術的發展與普及，其實已經可以使網路上的通訊自動簡便地加密。這一方面固然滿足了保障隱私權的要求，但另一方面，也使許多非法活動更容易進行。加密措施是網

---

[6] 同註 1，207 頁。

路互動和貿易不可或缺的一部分；因此，法理上是很難限制這種加密技術的使用。針對這種難題，目前有人提議採用「密鑰登錄代存」的方法，將網路上使用的各種密鑰透過安全代存服務登錄儲存起來，而且必須配合治安情治單位合法的解讀動作，提供相關的密鑰。這種作法能否成功的關鍵是，進行通訊者是否確實登錄他們的密鑰，以及提供代存服務者的正當合法性如何確立。如果採行這種方法，則勢必要對提供不實密鑰者加以處罰；而且，這種法律的處置必須全球願意配合一齊進行，否則將使這種方法陷入無法徹底執行的窘境中。

　　另一種獲得美國政府推薦的方法是：要求所有個人或用戶將中央處理器密鑰都必須存儲於代存機構。此方法執行起來會遭遇到二個問題。其一，政府無法保證密鑰不會被他人取得；其二，任何個人或用戶都可能進行另一重的加密措施，而使得這種方法名存實亡。而上述那種被認為更為普通的方法，同樣也會因為用戶或個人可以輕易雙重加密而解體[7]。或許，我們可以主張直接將雙重加密直接定位為違法；但在執行層面上卻很難辦到，因為政府或公權力機關很難辨認或確定是否雙重加密。加密技術永遠都會突破超越官方的掌握

---

[7] 同註 1，208~209 頁。

之外，並且把相關的法律制度甩在形勢之後。

其實涉及到隱私權，還有數據資料如何被保護的問題。其中要者如銀行帳戶、信用、醫療記錄、消費記錄等。如果這些資料很容易被取得，會使得個人生活受到嚴重侵擾。英國在 1984 年通過數據保護法案，並成立了數據保護登記局，要求保存個人的數據資料的單位，必須在取得個人同意的前提下，對其資料使用進行登記，不登記或超出登記範圍，都將受罰。按登記行事時，絕不能洩露數據給他人。當然，治安單位可以依法取得個人在各相關單位的數據資料並加以結合，以提高破案的機率。英國在 1990 年又通過電腦監用法案，規定未經許可取得、披露或使資料被篡改都是違法行為，進一步確保對個人數據資料隱私權的保護。根據此法案，就可以有法可依宣布電腦駭客或施加電腦病毒為非法，不過，這種法案只起了事發後制裁的作用，無法發揮事前防患的效果。這種現象當然反映了電腦駭客和施加病毒者與公權力之間「道高一尺魔高一丈」的現實。事實上，駭客行為能夠被查知的比率是非常低的，而許多單位就算遭到駭客入侵，也不願聲張，害怕他們的信譽受損，影響客戶信心。

加密技術的發展和立法的配套，或許可以抑制網路的犯罪違法活動。不過，就如前述，所有資訊科技的發展同樣也會強化犯罪者的能力，突破立法的框架和公權力的限制。

　　目前在台灣，入口網路業者，為了保障網友隱私，已經設計出個人網路俱樂部，唯有收到俱樂部版主的邀請 e-mail，才能進入該俱樂部。目前在台灣的一般網站或甚至是俱樂部多採自由進入方式，私人隱私無法獲得保障。而採取上述方法，則可以讓網路俱樂部的版主來過濾篩選，採取相對封閉的方式經營。

　　網際網路提供選民與政治人物的在線討論，許多政治人物也都有自己的電子信箱，以接收那些表達觀點者的電子郵件。而不管是在線討論或電子信箱都可提高政治人物的可接近性和可視性。

　　從網際網路的邏輯，很容易作出這樣的推論：儘可能讓每一位能上網或願意上網的人發表意見，以便於去影響政治。這是民主政治的理想。但是，我們的民主基本上都是代議制的，不可能讓每個人都在議會或國會上發言，直接去影響政治。不過，隨著網際網路的普遍化，更多的人和公民都能參與網路中的辯論，我們或許可以期待，以這些辯論做為基礎，甚至形成決議，來影響國家的法案與政治。不過，要這麼做會涉及到許多技術性的問題，而不太容易獲得落實。其中最可能引人議論的是：是否能夠獨鍾網際網路作為民主政治表現的管道，這可能會造成另一種形式的不民主。

　　而且，在網際網路中，由於可以匿名參與辯論的特性，使得責任和倫理的考量有可能會被盪到低點,這將會影響辯論的素質和可靠性。而且,眾所週知,政治人物或團體是可以透過技術去操控或製造參與辯論的人數,因此不見得能真正反映民意。政治人物有可能挾虛擬民粹式的民意以自重來破壞民主政治。

隨著網際網路的發展,近幾年來,包括台灣在內的不少國家和地區,網路人口也呈倍數的增長,許多學術、民調與網路機構,紛紛進行網路的民調,甚至還積極的想將網際網路和公民投票結合起來。

迄今,進行民調主要有三種方法。其一是較為傳統的「電話訪談法」;其二是「網路自由填答法」,其三是「電子郵件問答法」。這三種方法所面臨的問題,其實都是樣本是否具有代表性的問題。雖然一般認為,透過電話訪談的「缺乏代表性」問題,比較容易透過抽樣技術克服;不過,迄今調查的結果經常還是被認為與事實有明顯出入;尤其是在選舉民調方面,在許多非技術面因素的考量制約下,很多受訪者,經常會刻意隱瞞他們的意向,使電話民調在技術抽樣方法上就一直受詬病外,更在非技術面上雪上加霜[8]。

而「網路自由填答法」所面臨的缺乏代表性問題,主要

---

[8] 台北《自由時報》,民國 89 年 6 月 25 日第 41 版。

表現在會主動上網填問卷的人，可能都是網齡較久，甚至較為積極的網友，這些人充其量只是網路族中的一個小部分，很難說是可以代表網路族或甚至是社會大眾的民意。更何況，這種自由填答式民調，其實很容易受到一些相關的團體的介入和操控，一批批同質性高的族群會進入網路去回答問卷，企圖影響整個調查的結果。

至於「電子郵件問答法」所面臨的問題，首先主要是受訪者隱匿身分或使用多種身分的問題。在網路上有多人共用一個電子信箱以及一個人擁有多個電子信箱的現象。此外，迄今，這種問答法的回覆率非常的低，也嚴重影響民調結果的價值。雖然存在這些問題，但畢竟電子郵件是最普遍的網路使用行為，因此，這個方法的潛力仍然被看好。而為了克服上述的問題，有人認為可以在網路上建立一個具公信力的使用者登記註冊機構或中心，形成非營利性的使用者資料庫提供調查研究使用；此外，還可透過宣傳提高問卷的曝光率和能見度，並鼓勵網友上網填答與回覆[9]。

其實，要利用網際網路進行公民投票，其所面臨的最大問題是網路是一個虛擬的世界，網友的身分並不像在現實世界那樣的清楚固定，容易判定；我們很難認定網路上的身分

---

[9] 同註8。

是否真正代表某個人。

　　總的來說，不管是網路民調或企圖藉以進行公民投票，都存在著急待克服的方法論上和技術上的問題。我們必須克服網路世界的虛擬性，讓它重新現實化，然後才談得上民調和公民投票的採行[10]。

---

[10]同註 8。

第4章

虛擬與現實之間

　　當我們還需要爲應付垃圾電子郵件或資訊而費心，或者
隨時都在擔心網上的隱私權問題，或必須隨身攜帶桌上型電
腦時，網際網路其實都還不算對人真正有意義，或者說真正
成爲人生活或生命的一部分。而只有當我們把插頭插上開
關，透過網際網路就可以看到我們所想要的有意義的各種資
訊；我們所有重要的資料都可以在網際網路中得到非常安全
的維護，就算電腦被毀當機，我們所要的或所擁有的資料也
不會受任何影響。甚至，有一天我們可以隨時走到任何電腦
前面，透過它來處理我們的生活和所需的資訊，而不需隨時
攜帶桌上型電腦。再者，當我們所有的帳單和信件都可以經
過網際網路，甚至可以變成我們的行事曆和日記本，整個食
衣住行育樂和工作都可以經過它來完成。凡此種種，網際網
路才真正成爲人生活或生命的一部分，這時你或許會不感覺
到它的存在，但卻又無法想像如果沒有它，將會怎麼樣[1]。

　　可是，到這種地步，到底是網際網路爲人所用，或是人
依賴臣服在網際網路之下，這樣的問題，是否應該成爲討論
的對象，當然也會成爲一種爭議。不過，如果抽掉網際網路，
人就不知道該怎麼辦，可以肯定的是，人已經不再是網際網

---

[1] John Brockman 著，汪仲，邱家成、韓世芳譯，《未來英雄》，台北：
大塊文化，1997，130~131 頁。

路尚未融入人的生活與生命之前的人；此時網際網路和相關
科技，替代了人的手腳和大腦，甚至許多生理和心理機能，
所謂人，其定義恐怕必須重建。而在這種重建中，電腦和網
際網路也不再能只被視為機器、工具或無生命的東西，因為
它們延伸擴展人的生命機能，跨越人有限的軀體和生理的限
制。這樣一來，心物問題，恐怕就不能再用過去一元主義，
強調心靈重要或所謂物質重要這種思考方式來加以處理。人
和機器間，甚至心與物間，形成了一種互相支撐和滲透的辯
證關係。

　　透過網際網路，可以幫人們塑造一個虛擬的社群，這種
社群相對於現實的社群，有著不同的運作邏輯，但也不可能
完全不顧現實社群的邏輯；亦即，在虛擬社群中的經驗，其
意義和價值，有時必須被納入現實世界中來加以對比和檢
查；但是，虛擬社群由於具有隔離甚至跨越現實社群的作用，
也可以具有批判和針砭現實社群的功能。因此，投入虛擬社
群中，不應該視為對現實的逃避，而應該抱著從虛擬中找出
現實出路的認知。只寄情於虛擬世界，是一種虛無甚至虛脫
的表現；而反過來，只能夠活在現實社群的人，生命或生活
也不夠週延和圓滿。其實，隨著網際網路和相關科技的發展，
虛擬與現實之間會愈來愈難區隔，虛中有實，實中有虛，虛
擬世界是人現實生命的一個環節，而現實生命也必須透過虛

擬世界來獲得實現；甚至，有一天，虛擬就是完全的現實，只能透過虛擬中去看現實，現實就在虛擬之中，生命的體驗幾乎都是由虛擬中來加以規定。

　　由於網際網路而有所謂虛擬世界和現實世界的區隔，這也使得傳統的哲學本體論受到撞擊。傳統的本體論是立基於唯一的世界和本體上來論述的，而環繞著上述的虛擬和現實的區隔，多元本體論於焉出現，宇宙或世界不再是單一的，而是多於一個的。不過，隨著虛擬成為現實，或許單一的宇宙論和本體論又會恢復過來；不過，那種情況下的論述與傳統的本體論或宇宙論的論述已經不同；因為傳統的論述是以人作為一個具有稟賦生命力的存在為基礎的。

　　網際網路已經愈來愈成為人每天生活，尤其是社會互動的一部分；而人的生命經驗也成為網際網路溝通的內容，不過，從另一個角度看，包括資訊科技在內的技術發展是使人與人之間被分離的根源，亦即其實是人與人之間的一種障礙[2]。在很多時候，我們透過電話來講話，透過傳真機來傳遞訊息，以及透過網際網路來進行多方面的行動；但我們愈來愈沒辦法親身與別人相聚。對話通常是與遠距離的或不在現場的人在進行，這是人際關係的疏離，以及人際關係的非人化

---

[2] Rob Shields ed., *Cultures of Internet*, Sage Publications, 1996, p.58.

（dehumanization）——仰賴非身體的工具來進行互動[3]。
人透過種種通訊工具，語言文字和符號，但卻缺乏肢體動作
的方式和別人互動，這是一種去身體式的溝通，所呈現的是
一種言傳式和意會式的，並且較為傾向「心靈式」的互動，
其結果就出現了身體和心靈的分離。

　　在網際網路中，人可以透過匿名的方式，化身為多種身
分，並呈現多種人格，這些「非我」的身分和人格，到頭來
可能被別人認定為真正的「我」，而甚至當你揭露真正的身
分和人格時，別人可能反而無法接受，甚至造成別人認同的
錯亂。在藝文界中，有不少人用筆名或藝名成名，大眾只能
接受他們的筆名或藝名，對他們的真名，一般不感興趣，甚
至也不關心；如果這些人想要以真名重新去面對大眾，恐怕
反而對他們的藝文事業不利。

　　在網際網路中，人以匿名的方式行走，固然可能會造成
欺騙或導致別人的幻想或種種跨越現實的想像；但從另一個
角度來看，這可能也顯示，當人可以越過身體、時空等有形
的限制時，人是可以呈現多元生命發展的，並不一定侷限在
透過固定時空規定下的特定人群所加諸於人的身體和人格的
規定來過生活。在以前的時代，我們也經常聽到或看到，有

---

[3] Ibid.

些人跳脫了他們原先所歸屬的社群和地理空間，在另一個社群和地域中，換了個身分和生命空間反而活得更自在，甚至揮灑的更爲有自信。人在現實世界遭到挫折，或因爲身體、時空和所屬社群的種種規定的制約，人轉而在網際網路空間中換了個身分和人格，去進行不同形式的溝通和互動，這有可能讓他重建信心，獲得心理補償和救贖。這樣我們可以認爲它不真實嗎？只以非網際網路世界的標準來判斷生命和生活是否爲真，成爲現實，到底對不對？這是值得商榷的。想用非網際網路世界的標準去概括承受網際網路世界，這不只是不可能，甚至是荒謬的。當然，反過來，想以網際網路的邏輯來管理非網際網路世界，同樣也是行不通；不過，當網際網路愈來愈成爲人生活生命的主要機制和環節的時候，人恐怕就必須在網際網路中來直觀人的生命和生活，這樣一來，到底還有沒有所有虛擬和真實的區隔，真是愈來愈要受到懷疑。

　　人之所以喜歡旅遊的原因之一是，因爲地理空間的轉換，人不必或至少暫時可以拋棄既有的身分和人格結構的束縛，以不同的身分、心態和人格去和不同地理空間的人事物互動和接觸，以求得生活的暫時解放；有些人爲何喜歡進入網際網路世界和別人聊天和討論，其心理無非也是，想要跳脫既有的時空和身分人格的束縛找到可以無所不聊和討論的對象和領域；因此，在網際網路世界中的聊天和討論，也許大家都是匿名，可是所用的文字語言，可能比在現實世界中更爲辛辣、激情和多樣化。就算是熟朋友或同學，可能在日常的真實生活中，不太敢表達的意見，在電子信箱中可能也會有超乎平常的演出。網際網路提供一個轉換式的空間，從而也使人的生命獲得轉換，它也許會成爲犯罪者的天堂，但也可能是人尋求心理治療的空間。因此，如何使網際網路幫人們呈現更多元的生命面貌，而不至於受到犯罪力量的滲透和污染，是一個值得重視的時代課題；不過，在思考這個問題時，當然就會想去管理網際網路，但是，如何管以及在管理的同時不會阻礙網路空間的發展，則是一個更爲棘手的問題，這些問題在另外章節中有所討論，此處不須贅述。

儘管，網際網路導致「去身體化」溝通互動方式的更爲深化發展；不過，當我們面對電子信箱中的各類信件，或 BBS（bulletin board service）站中的各類資訊，它們其實已經進入我們的生命世界中，使我們必須回應它們，它們已經成爲我們生命的現實，我們必須決定到底要不要加以處理或予以忽略，在這些篩選過程中，我們必須對這些資訊加以解讀或過濾。這些動作和過程，都算是以身體爲基礎的生命活動的表現。

但是，在網際網路中，我們畢竟無法實際而且直接地去感受對方的感情表現；因為網際網路是去肢體動作的。這對於網際網路溝通而言不只是一種困境，而且是溝通研究者必須設法加以克服的問題。如果我們從另一個角度看的話，應該可以說，網際網路溝通是另一種轉換式的溝通，它改變了環繞溝通過程的心理學、社會學和語言學，它既不是純粹的對話也不是單純的書寫，它是由一種特殊的語法、句法所建構起來的語言體系。而且，網際網路的使用者也會感受到感情表現的難度和方式的不同，他們也會設法用一些字眼來使對方瞭解他們的感覺，但問題是，這些字眼真的可以產生與「面對面」接觸相同的效果嗎？也許，在網際網路中，使用者就必須透過電子身體（electronic body）來和別人溝通和接觸，每個人的電子身體其實都已經開放讓別人進入，但這種以電子身體為媒介的溝通，能否進一步發展，其關鍵就在於電子身體能否更多一點人味，更人性化；而要實現這點，必須靠許多衍生性文字的使用，來幫助別人能瞭解你的感覺和感情[4]。

資訊科技承載人的溝通，當資訊系統中斷，溝通當然就會停止。不過，溝通互動並不是存在於機器中，它是透過人的分享和理解而成為現實的，我們透過身體來體驗包括網際

---

[4] Ibid. pp.64-69.

網路在內的資訊溝通系統，而且我們透過網際網路來與別人交換這種經驗。也許當人使用網際網路很久以後，人可能會想問，到底是網際網路來導引我們，還是我們去調控網際網路？在網際網路中，我們算不算能「全身」投入溝通中，會不會只是一種心靈的，知性的；而沒有身體和物理因素存在溝通。這個問題以不同的方式表現就是：在網際網路溝通中，我們還算不算是「完整的」，會不會已經是身心分離。不過，或許就如前面所說的，網際網路讓我們離開部分的物理性或軀體性的自我，然後我們才能更爲寬廣地與別人溝通。

我們身體的存在促使網際網路活起來，有人味；但同時，網際網路也賦予我們新的生命能力。不過，經過一段時間的網路溝通，我們總會期待具體的身體和物理會面和接觸。除非我們能過沒有身體就能存在，否則人與人間的溝通終究需要有面對面的互動。但是，這種面對面的溝通，可能使透過網路所營造出來的溝通關係更爲發展，或也可能因此終結。因爲網路像一面鏡子，它可能反射人的現實；它也像一個螢幕，人可以以多種面貌出現，使人生如夢如戲；而當回歸到面對面的接觸時，人必須被要求以單一的實體來出現，也許人可以用各種肢體語言來隱藏自己的個性，但終究沒有在網路中那樣的自由度。或許，有人喜歡網路中的自己和對象，他們彼此都不願讓彼此的溝通歸結到必須有面對面的接觸和

互動；對他們而言，面對面的接觸反而是不實際的，或甚至
是殘酷的。

　　從網路的溝通互動，如果彼此產生了情愫或情誼，當然
會有進一步見面的要求和需要，好讓這種情愫或情誼能夠有
個結果；但是，在網路中，或許也有可能出現，溝通互動的
雙方，都願意僅擁有在網路中的友誼或感情的現象；網路就
是他們的感情和友誼世界；這樣一來，不只會出現要求在網
際網路中的性愛的要求，也有可能要求在網路中結婚，婚姻
生活就在網路中進行，他們不一定要有小孩，他們只願意在
網路中互動生活。從以身體為基礎的婚姻觀來看，這種婚姻
觀當然是離經叛道；但是，這種要求或許有一天會出現，到
時候，我們的法律能夠包容和應付嗎？

　　就男女感情的形成和發展來講，也許會有日久生情，或
近水樓台先得月的現象；但是，建立在以身體為基礎的感情
互動，也許也會因為彼此沒有距離，或沒有空間的轉換，而
很容易陷入瓶頸，或被視為千篇一律；網際網路提供了一個
轉換空間的管道，這個管道也許是一個跨越現實而且比較浪
漫的管道；儘管，它存在著欺騙的風險，但也許是當網際網
路更進一步成為人的生活一部分時，人追尋感情的必要管
道，不過，網際網路所培養的浪漫，當事者到頭來可能還是
必須歸結到親身會面的情境中來加以檢驗；如果，當事者不

願如此的話，這種浪漫可能也會變成刻意造作的產物，從而失去其浪漫。因此，讓網際網路的浪漫，回歸到面對面接觸的基本介面上來；然後，同時，也不讓網際網路就此從你的感情生活中消失，這應該是相當平實合理的期許。

網際網路也許已經成為許多人身體，或身體的延伸；因此，我們對於「身體」的定義必須重建，不再能夠完全以人為本；不過，當包括網際網路在內的資訊科技延伸人的身體的同時，有可能是科技或網際網路取代了人，人可能只是這個人機一體的組合的母體，但其活力則必須依賴科技和網際網路來表現。

網路空間是一個沒有物理空間（spaceless）的領域，我們進入網際網路，其實是就是透過一個介面，進入一個擁有自己向度和規則的相對獨立的世界。而在這個世界中，我們所擁有的是一種「與肉體分離」的意識。在現實世界中，我們的意識運作是以活生生的身體存在為基礎的，這種存在會受各種物理條件的制約；而由於網路世界是一個非物理性和非線狀的世界，意識運作的方式也就會不一樣。不過，現實世界是人的生活世界，而網路空間則是超越物理世界的另一個生活世界，它與肉體游離開來，提供人們一個逃離現實的管道，它甚至可以營造一個理想的溝通情境，或是一個可以讓個人編織非常個人化夢想的情境。這樣一來，在現實世界中，非常孤立的個人，可以在網際網路中找到慰藉，甚至可以趕走孤獨。不過，在這裏也出現一個弔詭，當我們企圖要在網路空間中找到歸屬感時，也許正意謂著與週遭具體的物理世界更進一步的隔離，從而造成人的親疏關係的逆轉。試想我們花費大部分的時間，與幾千里外的人互動溝通，我們絕不能說，這些人已經真正成為我們內在生活和生命世界的一環。

不過，在現實世界中，我們可能非常害羞和內向，但是在網路世界中，我們可能變得非常有自信；因此，透過網際網路，可能提供我們表現不同層面自我的新管道；或者，也可以說，網際網路允許我們去發掘我們比較喜歡的「自我」層面和認同。或許有人會擔心，人們可能會形成分裂人格，或因為沈溺於網路世界而更不願面對「現實」；不過，換另一個角度看，人們從網際網路中發現自我的不同層面，這也許就如前面所說的是一種心理治療，或自信的重建，從而使人有生活的勇氣和興趣。

我們會常常想跨越身體和物理現實的制約，讓我們的意識和想像獲得舒展，網際網路可以讓人這種期待變成共鳴，進而獲得實現。其實，畫作、文學、照相、電影、電話等藝術和傳媒，都提供了這樣的功能；因此，它們都有幫助人們尋求從身體制約獲得解放的效果。

在網際網路中，誰擁有較好的電腦操作和使用文字的技巧，誰就有可能因此獲得較高的地位和聲望，甚至主導網際網路中的虛擬環境。從另一個角度來看，只要人有意志和決心，不斷提升電腦和文字技巧，就可以主導網路世界。駭客（hackers）行徑雖然不足取，但它是使用電腦科技和意志去牽制網路世界的典型例子。意志和技巧能力在網路世界中決定人的主導力的程度是遠超過在現實世界中。未來一個人要擁有高地位和聲望，透過網際網路將是一個重要的捷徑；不過，網際網路中的地位和聲望能否順理成章地轉換為現實世界中的地位和聲望，則並不是必然的事情。

資訊科技和網際網路提供人們進行不同體驗和經驗的工具和管道；但是，這種體驗和經驗仍然必須建立在人的感受、想像和激情上；而這可以讓我們瞭解到：不同的載體或工具，就可以讓我們有不同的體驗和經驗。不過，講的更明白點應該是：不同的載體或工具，使人們包括感受、想像和激情在內的生命力得以有不同形式的展現。而網際網路和資訊科技的發展，使人愈來愈抽離身體，想像、聯想在人的生活和生命中會愈來愈重要。

文藝創作會透過其特有的美學形式去隔離超越現實以及身體；因此，文藝創作不可能是對現實的模仿和翻版，而可能會因為透過隔離現實，而產生對現實的批判效果，所以，文藝創作在本質上應該是超越和批判的。網際網路由於能夠隔離和超越現實和身體，因此，本質上也應該具有批判現實，以及從現實解放的效果。不過，文藝創作所揭櫫的超越批判現實的意涵，必須透過具體的實踐來加以落實，而網際網路卻提供一種讓人脫離現實的「解放」，讓人遁入虛擬世界之中；網際網路成為人們在滾滾喧鬧的現實世界中的隱居之處。以前的人或時下講究禪修、修行的人，總是必須透過空間的轉換，到一個較為僻靜之處尋求心靈的清靜，而網際網路讓人可以在家中或辦公室以及其他有電腦存在的地方，隱於網際網路之中，這是一種「隱於家」，和「隱於市」的特殊現象。可是，透過這種隔離週遭現實和身體體驗的「隱居」式的過程，卻又讓人接上雖然超越時空阻隔，但卻仍然是複雜多端的人事物；以一批或一堆可能與週遭現實無直接關連，甚至是隱匿式的人事物，來替代週遭現實的人事物；而透過這種過程所形成的關係，其實，也成為某種「現實」，同樣對人造成壓力，這樣就有可能迫使人們必須不斷轉換方向，以便於不斷轉換舒緩壓力。

網際網路所提供的解放，本質上只是一種相對的解放（相對於現實壓力的暫時的解放）；可是，它可能使人們在網際網路世界中捲入更為複雜多端的人事物的糾葛之中。而且，這種相對性的虛擬解放，其實是非常個人化的（個人生命體驗和心境意識的一種轉換）；講嚴格一點，這樣的轉換，還夠不上稱爲解放。

就像迪士尼樂園，提供一個供人發洩好奇心、激情和個性的玩樂場所；網際網路也提供一個供人渲洩情緒和心情，並編織非常個人化夢想的領域。但是，當我們一離開迪士尼，我們又必須轉換心境面對現實；同樣地，當我們一離開網際網路世界，我們又必須面對週遭的現實。迪士尼樂園不可能到處存在，而如果迪士尼樂園愈來愈普遍化，它對人而言，可能就不再是有效地可以讓人轉換心境和生命體驗的地方。太容易能夠到迪士尼，或去過太多次，迪士尼對人的心理治療和生命體驗轉換的效果，就會遞減；而當網際網路逐漸成爲人的生命生活的重心的時候，它本身就是人所面對的「週遭的現實」，從而也可能就是人的生命生活壓力和苦惱的主要來源。從這個角度觀之，人企圖遁入網際網路世界中，尋求心境和體驗的轉換，到頭來可能是進入一個會爲人引來無窮無盡煩惱的苦海之中。

不過，網際網路世界不應該只被看成是現實世界的對立，而應該被視爲是現實世界的延伸。嚴格來講，所謂現實世界往往也是某種虛擬實體。現實是透過意義網所構成的，它是符號化（symbolization）的產物，所謂「真實」（real）是不存在的，必須透過語言符號才能建構所謂的實體或現實，網際網路所提供的虛擬世界或實體，提供了保護使用者免於受現實世界侵擾的功能。它透過其符號和邏輯系統縫合了現實世界中許多裂縫。虛擬世界不能像現實世界一樣操作，因為現實世界往往是具體的社會實踐的產物；不過，虛擬世界允許人們做到一些在現實世界無法做到的事，特別是取得和運用資訊這方面，例如，人們可以透過鍵盤在電腦桌上取得《大英百科全書》上的任何資料，或任何其他遠距離的資料。

現實世界對於人們的想像力而言，是相當狹小的；而網際網路提供了人們想像力可以奔馳的領域；也許，透過想像力的解放，可以更進一步展現人的主體性，或解放人的主體力量；因此，網際網路所提供的界面，成為釋放人的欲求的領域，它開展了人這個主體在現實世界所無法觸及的空間，填補了人的主體性的內容，帶領人忘卻或去除掉我們的身體，將人的意識融入網際網路世界之中。這樣一來，網際網路就使我們的身體和我們所在的空間產生乾坤大挪移，使我們的主體性，嵌入網際網路空間中，去實現許多在現實世界中無法實現的欲求。

電腦的終端機，標誌著雙重的界限：一方面是現實物理世界，而另一方面是虛擬世界的界限。網際網路最迷人之處，在於它提供了一個不朽不滅的形式。電腦終端機標誌著現實

世界中主體的消失（或死亡）；而且，透過電腦終端機，讓
人在一種新的符號系統中再生，這時電腦的終端界限消失
了，人進入了一個新的符號世界中，人的主體重新獲得建構
（不過是透過網際網路的邏輯來進行的）。網際網路成為人
的生命的環境。不過，網際網路要求人們超越身體和抽離現
實的同時，不只人現實主體消失或轉換，而且也造成對象世
界的消失；對象也必須透過網際網路的邏輯、符號系統和人
的想像力來重新加以重建。

網際網路空間就像一個 shopping mall，它表面上提供了
一個公共空間，但事實上卻必須透過個人化的和私下的方式
去加以擁有。就像人的欲求促動 shopping mall 的形式和內
容的發展，人的欲求也會引導網路空間技術的發展，網際網
路所形塑的虛擬世界，具有讓人滿足許多欲求的潛力，它讓
人以一種非常個人化的方式來放任自己的欲求；從這個角度
來看，透過網際網路其實很難形成集體性的認同。這也就是
說，網際網路提供一個類似 shopping mall 這樣的公共空間，
讓人以自己非常私人化的方式去各取所需，可是人們卻各自
都不是屬於這個公共空間；或許，在這個公共空間中一直都
是車水馬龍，可是當人們滿足了欲求，獲得自己所需後，就
會離開這個公共空間。因此，在網際網路中匯聚的社群，可
能只是類似走馬燈式的短暫，很難具有持久性；而且，這種

虛擬社群的集體性認同，是否能夠轉變成具體的社群力量，展現具體的社會實踐力量，都是非常值得商榷的。

網際網路提供了一個可以規避現實生活諸多限制，甚至可以讓人遐思馳騁的空間，它很容易讓人上癮著迷，陷入不能自拔的現象，這是一種「網際網路上癮症」，只有上網才覺得自在真實安全或者有活力；因此，這其實也有點像戀母情結；人祈求活在一個想像或真實的母體呵護下，以獲得安全感並去除焦慮不安。在這種上癮症的制約下，人只要一離開網際網路、回到現實，人就立刻感到不安甚至恍恍惚惚；因此在現實生活中，這樣的人往往是夫妻失和，朋友疏離，工作學習荒廢。在網際網路世界中，這樣的人生龍活虎，而離開了網際網路，可能就變成一條蟲，行為變得非常怪異；在網際網路世界中，這樣的人過得非常帶勁，可是在現實世界中，可能就被視為精神官能異常者。

不過，作為一個母體或載體的網際網路，它或許可以扮演人的規避現實的避風港，或精神或心理治療和補償者的角色，它給予人許多精神和心理的慰藉。而且，由於網際網路世界是一個反階層反集中化的世界；因此，它本質上不應該是一個極權式的世界，允許人在網際網路中奔馳探索，經歷體驗按現實生活邏輯無法得到的感受[5]。

　　網際網路這個母體，可以隨人的意念和條件，而變得可大可小；甚至，還可以依人的選擇，讓這個母體介入人的生理或心理層面的領域；因此，這個母體也可以隨人的心意而變形，成為生理和心理的母體。

---

[5] Ibid. p.170.

第**5**章
資訊科技與網路的政治經濟學

　　遠從十八及十九世紀交際時，聖西門（Saint-Simon）就從技術主義的角度建構社會發展觀點，他認爲技術進步或革命是社會變革的主要動力[1]。這種觀點將社會進步幾乎等同於技術進步，並且逐漸成爲十九世紀以來西方普遍的看法，此外，這種看法被賦予某種目的論式的史觀內涵，認爲隨著技術進步，人類社會已經逐步揚棄或超越傳統的社會，進入現代的社會，這是一種應然甚至是必然的趨勢。而這種從傳統到現代的發展模式和過程，更被擴大跨越西方世界，形成一種以西方爲中心爲模本或爲取向的對非西方世界社會歷史發展的詮釋方式，認爲非西方世界應該而且必須按上述模式發展[2]。與這種西方中心的社會歷史發展觀點相對應的是一種透過社會達爾文主義爲中介的帝國主義理論和實踐的出現：因爲西方比其他非西方世界率先進入了以科技發展爲主體的現代世界，那麼西方世界不管在道德上或權力，都應該有相對的優位，而如此一來，西方對於非西方各種形式的控制和侵略就被視爲是合理而且正當的。

　　目前資訊化知識已成爲國際經濟大循環的主軸，而資訊

---

[1] Jennifer Daryl Slack & Fred Fejes, eds., *The Ideology of The Information Age*, Florida Atlantic University, 1987, p.107.

[2] Prasenjit Duara, *Rescuing History From The Nation*, The University of Chicago Press, 1995, pp. 21-23.

化知識的商品化範圍，跨過民族或國家的界限，國際社會從過去競逐領土，天然資源，逐漸演變成為爭奪「商品化的資訊知識」的主導權；國際社會中國家間的貧富差距，也逐漸由是否掌握資訊知識的主導權來加以區隔，而在這種區隔背後，又以達爾文主義作為辯護，並且賦予這種區隔一種等級關係，把商品化資訊帝國主義視為當然，而被納入這個網絡的國家地區，被迫必須靠著掌握資訊知識主導權的國家所提供的訊息來建構其集體記憶、社會集體想像和群體認同等，弱國用以對抗強國的民族主義內容將顯得蒼白和軟弱；而在這種情況制約下，弱國如果要重建對抗其他國家的意識形態基礎的話，就必須回歸到宗教的訴求上，甚至走上某種宗教基本教義的方向去。

從科技主義進一步延伸就形成生產力主義，從而認為社會生產力的不斷提高是克服社會匱乏，促使社會和諧與進步的關鍵。而與生產力主義相關連的是泰勒主義（Taylorism）的形成。泰勒主義強調，要提高生產力，就企業內部而言，最重要的就是使生產合理化、有效率以及有計畫。而所謂合理化，主要指企業內部的智力與體力勞動的分工，這種分工不僅是技術性的分工，而且應該呈現等級結構，智力工作者在權力與道德上，都應該比體力工作者來得優位，亦即後者應該從屬於前者的指揮管理之下[3]。如此一來，企業內部的運作走的就是制度主義和精英主義，建立分工體系，並把管理權放入智識精英的手中，讓精英按計畫來經營企業。把這種觀念進一步應用到社會整體的話，就形成社會泰勒主義。這種觀點主要是將社會分成從事體力和智力勞動兩個階層，這兩個階層間是前者從屬後者的等級關係，後者在權力和道德上都優位於前者。

其實這種社會泰勒主義幾乎就是技術官僚主義（technocracy），把社會看成是一個大工廠般，應該被安置在技術官僚的管理之下。於是所謂科學的系統分析取代了政治，技術專家憑藉其科技能力和條件來有計畫的治理社會，這樣的社會才是合理化的社會[4]。科學技術與社會合理化操作之間幾乎劃個符號，科技的發展被客觀化成為維繫社會秩序與進步的基礎。而隨著資訊科技的發展，社會的泰勒主義化與機械化獲得進一步發展。資訊被視為是組織以及經營任何事物的必要條件，任何社會被認為都應該是資訊社會，任何組織則應該是資訊組織，沒有資訊，任何事物都沒有任何

---

[3] Taylor, Frederick W., *Shop Management*. New York: Harper, 1947, pp.98-99.

[4] Ibid.

意義。擁有資訊技術能力甚至是資訊知識主導權的人，就是
「知識精英」，應該擁有權力與道德上的等級優位。

在另一方面，近代以來隨著科技主義和生產力主義的發
展，「成長」變成是人們面對社會時相當單向度的思考方式，
於是追求生產力、國民生產總額、總體經濟剩餘的成長就成
為總體施政的最高目標之一。而隨著資訊社會的到來，追求
資訊本身，以及與資訊有關的部門專業的擴大成長也順理成
章的變成總體施政的最高目標之一。伴隨著這種成長主義而
來的是企業和政府政策的量化，為追求成長而生產，為追求
成長而作經濟資源和人力的配置，而這些作為都被轉化為種
種量化的指標來表現[5]。

為追求成長而生產會對企業和社會構成巨大的壓力，導
致生產過剩以及個人的過度負荷；於是，為了要使高生產有
出路就必須使人能夠高消費。而從高生產到高消費之間，就
必須透過不斷刺激以及挑起人的需求作為中介和槓桿，讓人
們認為並且相信他們的確不斷需要源源不斷被生產出來的產
品，並且採取種種的消費行為；這樣一來，人們就參與了維
持企業和總體社會高生產和高消費的運作過程。

而在參與這個過程的同時，人們的需求是被刺激被塑造

---

[5] Jennifer Daryl Slack & Fred Fejes, op. cit., pp.81-82.

出來的。人們按照企業或產品生產者的企圖來表現他們的需求，這樣一來，人們的生活內容在某種程度上是被規定的，被支配的，而這也就是說人的生活被吸納進入了資本主義生產消費的市場循環之中，人把被規定的需求當做是自己生活的內容，人與人之間的生活區隔消失了，趨於一體化，人的生活變得千篇一律，一輩子可能就在追求買房子，買車子以及還貸款清貸款的過程中走完；而在企業廠商的強力促銷廣告下，人們會赫然發現自己已經一頭栽進所謂流行的風潮之中，把追求所謂的流行當作生活的內涵和意義。人沈浸在高生產高消費的所謂物質享受過程中，付出的代價是人的主體性的喪失，人活在被設計被管理被操縱的情況下，可是人卻甘之如飴。如果說這是一種「幸福」的話，這是一種失去主體性的幸福[6]。

高生產高消費的運作邏輯在資訊社會獲得進一步的深化發展。資訊的生產在不少國家已經遠超過人的消費能力，不少資訊已經找不到適當的或者普遍的消費者，這不只造成了人們的資訊負荷，甚至還形成了資訊運用的浪費。人漂浮或被淹沒在資訊大海中，有不少人陷入了資訊恐懼症候群的困

---

[6] 陳學明，《西方馬克思主義論》，遼寧教育出版社，1991年，258~260頁。

境之中；而更多人被迫必須追隨從電腦技術等級的提升變化，不斷更換資訊產品，深怕若不這麼做會被時代潮流所淘汰。

社會資訊化進一步使生活世界資訊化被視爲當然，人的自我認同和對社會人文世界的認知也被認爲必須透過資訊符碼網絡作爲中介，如果更進一步激化發展的話，會進一步認爲，人以及人際關係除了資訊符號外空無一物，人成了資訊傳播的中介物，而這會導致人對自己的認同充滿不確定性甚至危機，最後將造成了外在的權威取代人的主體性的現象。

在另一方面，如果我們觀察人與資訊世界的關係時，會赫然發現有不少人選擇逃離資訊世界，或從資訊世界放逐（excommunication）出來。Excommunication 這個辭的古典意義是逐出教會或逐出社群，而在這裏我們所使用的意義指涉的是：因爲資訊世界的形成，對人造成內在結構壓力，而迫使人自我放逐，逃離資訊世界[7]。

溝通（communication）既是人作爲人尊嚴的表現，也是人尋求自我和社會認同的中介；此外，人更可以透過溝通維繫與發展生活於其中的生活世界的文化內涵，如果把人從

---

[7] Robest S. Fortner, "Excommunication in the Information Society", *Critical Studies in Mass Communication*, 12(1995), June, p.133.

溝通系統中加以排除的話，等於拿掉人成爲人的尊嚴以及獲得自我認同的現實基礎，人便成爲活死人；因此把人逐出教會、社會或者關入監牢與社會隔離等這些對人的懲罰，其作用就在此；所以溝通與去溝通，可以作爲對人的一種社會控制的手段。

而爲什麼隨著資訊社會到來，人們爲何反而會選擇從資訊世界中逃離開來呢？

首先是經濟向度的因素。隨著資訊使用的發展和普及化，運用資訊被認爲是人生活的應然的一部分；但是資訊使用對人所增加的成本和負擔，加重人們的日常生活成本，與人們的具體實質收入增加不成比例；再而，在爲了使資訊使用普及化的前提下，國家和企業所投入的預算資源，其實往往都超過其所產生的效益；此外，如果爲了資訊使用普及化而使國家和社會的預算資源分配的傾斜、錯置和失當，其所導致的負作用甚至會抵銷其所產生的效益。就個人而言，使用資訊科技成本太高，比過去使用收音機、電視和電話要更難更昂貴，這是使人選擇逃離資訊世界的主要原因之一。

其次，有不少人認爲和發現，在資訊特別是網路世界中，表面上似乎是大民主但實質上是一種無政府狀態，缺乏真正的具有互爲主體性的遊戲規則，在這樣的資訊網路的叢林世界中，人性的幽暗面，隱晦性充分的暴露出來，僞裝與欺騙橫行，會使不少人重新選擇資訊和網路世界。

再而，有人認為，在資訊世界中，人的外在互動管道被資訊技術所制約和規定，人的溝通能力被資訊所取代，社會語言和肢體語言被認為是不必要的，人作為社會存在的屬性也遭到否定，人生活在抽象的「反社會」的虛幻世界中，逐漸喪失面對現實世界的溝通和表現主體生命的能力。亦即，這樣一來，人彼此相互將自己和對方排除在社會溝通之外；而更有人為了要求自己重新復歸現實世界，再度體驗社會溝通，人就有可能選擇逃離資訊世界。

此外，就如前述，人漂浮或被淹沒在資訊大海中，造成人的過度負荷，使人難以承載並且作出理性選擇，這可能導致人的緊張甚至形成資訊恐懼症候群。因此，人可能選擇逃離資訊世界，甚至從資訊世界自我放逐。

一般在論及資訊普及的問題時，都有兩種基本的設定：(一)人會欣然接受以及擁抱資訊科技；(二)人會非常樂意選擇種種獲得資訊的管道[8]。而在這種設定下，有不少先進國家都投入龐大預算資源從事資訊基礎建設，企圖實現更為全面徹底的資訊社會，使資訊使用的階層差距縮小或取消，以及實現更為全面徹底的資訊社會，使資訊使用的階層差距縮

---

[8] Ibid. p.144.

小或取消,以及促使資訊使用價廉成本低以及普及化。可是按照以上的論述可知,人不見得會欣然接受,擁抱資訊科技以及樂意選擇種種獲取資訊的管道;而且,從資料顯示,以國家的力量進行資訊基礎建設,其所投入的預算資源並沒有獲得相應的經濟效益,甚至也沒有降低人們使用資訊的成本和負擔;此外,國家資訊基礎建設並無法真正實現資訊使用的普及化,普及化的目標不但很難界定,而且更不能變成一個抽象的目標或者是國家擴大預算資源額度的工具和辯護的藉口。因此,當政府目前也強調要以龐大預算資源投入所謂國家資訊基礎建設時,應該以其他國家的經驗作為借鏡,千萬不要犯了前述膚淺的「成長主義」的錯誤,導致國家資源預算的錯誤配置。在此,我們必須強調,並無意反對政府對資訊基礎建設的投入,但政府必須以更務實而不是浮誇的態度去實際規劃這種投資的經濟效益以及可能造成的對社會的進一步負面的影響。

資訊科技的發展表現在社會學的意涵,首先主要是有關社會階級如何認定的問題,而對於這個問題一般有三種不同的看法[9]:

---

[9] David Lyon, *The Information Society: Issues & Illusions*, Polity Press, 1988, pp.55-63.

　　其一是階級消亡論。這種看法主要認為人類主要不是透過社會革命而是以技術革命作為中介，才能達到社會主義所期待的無階級社會。隨著資訊科技的發展，在企業內部的不同部門都能形成自我滿足的資訊選擇和判斷的單位，決策層主要是對他們意見的組合，不再能扮演高高在上的支配角色；亦即，在公司企業內部，隨著資訊科技的發展，其內部原先等級森嚴的「管理／被管理」、「支配／被支配」的區隔將會逐漸消除；公司企業將不斷朝去極權化的方向發展，改變由上至下的決策模式；而這種現象也會在社會其他領域表現出來，打破原先以財產權利益導向甚或血統、種族為判準的人群區隔，而整個社會在舊有的人群區隔網絡被打破後，也將不斷朝去極權化的方向發展，人們因為各自以資訊科技作為載體，而且有反被支配或牽制的能力，這將為整個社會從「牽制／被牽制」與「支配／被支配」關係解放出來。

　　其二是階級強化論。資訊社會雖然是工業社會的進一步發展，基本上並沒有改變資本主義的生產關係，以財產和資本作為判準的階級區隔並無改變。而且，更值得注意的是，資本力量更進一步突破國界，以全球作為擴散對象；階級區隔成為以全球為單位，朝更加單一化和同質化的方向發展。亦即，由於資訊科技的發展，使得資本跨越國界更為方便，全球性的資本擴散現象更為明顯的表現出來，而全球性的人群透過「資訊—資本」各種二位一體的判準更加容易而且單一化的被區隔開來。

其三是階級再造論。這種觀點主要強調，隨著資訊科技的發展，傳統的工業、商業、農業和服務業的經濟區隔已經不合時宜，資訊業或部門已成為新的經濟領域，甚至所有的經濟領域都已經被納入資訊業或領域的下，都可以被視為資訊業的附屬部分。而且，以擁有資訊科技和能力的階層儼然已經成為社會的主要人群，他們在管理上以及權力行使上雖然都已經擁有比其他人群更明顯的優位；此外，資訊科技使社會生產力的傳統內涵發生變化，資訊成為生產力的主要內容，傳統的馬克思奠立在財產權和資本權基礎上所形成的階級理論或經濟價值理論都必須重建。

傳統的政治學，社會學甚至是經濟學，對於社會人群的區隔方式主要有兩種，其一是從種族，血統甚或是財產為判準的水平式區隔；其二是從利益導向，把人群區隔成不同的利益團體的垂直式區隔。而在資訊社會中，人們同時遭到水平式和垂直式的區隔，在一方面，人們透過其所具有資訊科技的能力和條件被作了水平式的區隔；然後在另一方面則透過人們對於面對資訊科技的利益考量而被作了垂直式的區隔；因此，人在資訊社會中，透過這雙重區隔而呈現細胞式的社會區隔現象。人要改變其被區隔界定的社會位置，必須突破水平和垂直雙重的界限，這將使社會上下或水平的流動性區隔甚至逐漸變得更為困難。此外，隨著細胞式的社會區隔的發展，也就是人的單子化的表現，人從社會溝通系統中被區隔開來，社會溝通系統趨於細胞化，單子化以至於被僵化，而隨著社會溝通的破碎，人的社會性會被取消，人的社會存在屬性萎縮，建立在社會溝通系統中的市民社會（civil society）也會因此而趨於萎縮或甚至消失，這對於民主政治的發展可能將造成不利的負面影響；而且隨著以交互主體性為基礎的社會溝通系統的萎縮或消失，人的自由或主體性也將不保。

很明顯的，隨著資訊科技的發展，人的勞動被要求按照技術規則運作更加的成為理所當然的矛盾。近代以來，隨著科技的發展，人的工具和技術理性逐步抬頭和擴張，人的勞動被化約成技術和策略行動，人的勞動被要求客觀化，這等於是人先將自己物化而去合乎所謂客觀，有計畫的合理規則，人的主體能動性的被壓制也就成為自然的結果，人否定了自己，把自己物化，變成像機器般或技術規則以及目標策略制約下的客體，人活在一種被計畫的生命量化狀態中。而在資訊社會中，人被要求成為資訊的化身，人的物化有增無減，人成為資訊的載體而被客體化在資訊流轉過程中，一種被計畫的生命異化趨勢將更明顯持續發展下去。

　　而隨著這種形勢而來的是人的生活世界的去政治化。隨著工具和策略理性的高漲，導致在交互主體性基礎上的政治辯論被取消，辯論首先被要求要符合技術規則，這樣一來變成誰被認為愈符合技術規則就愈擁有發言權或具有正當性，而這好比就是誰愈客體化和物化，才愈有發言資格。至於許多正義和道德的訴求從此因為不能被為技術性的問題或被認為無法符合技術規則，而無法進入政治領域；這樣一來，甚至政治就已經從人的現實生活中被抽離開來，人生活在不許有政治和政治辯論以及技術主宰一切的物化世界中。而在資訊社會中，政治辯論被要求必須符合資訊充分的原則，參與者首先必須被要求成為資訊的化身，如果不具有這種條件就會被認為不具有參與政治和辯論的資格；政治被資訊化的結果，價值理性的向度更加被認為是多餘的，而正義和道德的訴求如果不符合資訊技術規則也會被認為是抽象和多餘的；於是，公共領域（public sphere）隨著生活世界的去政治化，事實上趨於萎縮或被取消，而這種現象與前述的人的單子化和細胞化發展是相結合的，人的社會性生活型態轉變成抽象的生活型態。

　　在西方古典的傳統中，黑格爾比較清楚地區分市民社會與國家的範疇。就黑格爾看來，市民社會所代表的是體現個體性與個體利益的領域，同時市民社會也是個體學習團體行

動的價值以及學習相互依賴必要性，進而參與國家機器的政
治作為的一個領域。

　　換言之，市民社會一方面是作為私人領域及需求領域而
存在；但是它又作為市民與國家之間溝通的中介橋樑。黑格
爾認為，國家是作為公領域而存在的，是作為人們追求普遍
利益、民族國家利益的領域，它是透過一個集中的政府機構
及超越階級的公共權威來加以運作的。

　　西方學界將國家與市民社會的範疇區隔開來的作法，具
有三種主要用意：

(一)作為分析描述的用途

　　此用途是作為對某種制度或社會體系的起源、過程、互
動的描述。將國家與市民社會區隔開來，基本上作為是一種
理想型的分析模式，用以描述社會體系之社會、政治等面向
的發展過程，並為此一過程提供詮釋分析的架構。因此將市
民社會與國家的區隔，視為分析描述政治社會現象的工具，
往往要配合著一些實證性的證據。

(二)具有明顯的政治策略意涵

　　即把國家與市民社會的區隔，視為是一種策略性的輔助
手段，服從於某種政治目標。例如，社會中的反抗力量可以
刻意地被宣傳是社會的代言人，然後把所代表的這一股力量

稱為市民社會;並把統治階級視為掌握國家機器的力量,最後把雙方區隔開來,並透過這種區隔批判統治階級的不是。市民社會與國家的區隔是可以作為政治策略選擇的一環,然而不只是社會反抗力量可以運用它,掌握黨國機器的統治階級也可以運用它。

(三)作為一種規範的意義

有一些人將國家與市民社會區隔,是具有政治多元主義意義。一方面不希望取消國家的存在,但另一方面又不希望國家機器的力量過度擴展。這種認知具有規範性的意義,體現對政治多元主義的期望。

通常把市民社會與國家兩個範疇分開,都脫離不了以上三種用意。

有不少人認為,資訊科技革命以及資訊溝通過程的全球化將使極權式的國家控制或壓制不再成為可能,而中歐和東歐的民主化變遷可以佐證。但是也有人認為,隨著資訊和傳播技術的發展,市民社會「分殊化」(differentiation)特性遭到嚴重挑戰,因為國家可以更有效的控制和介入。換句話說,關於資訊和傳播技術的發展與「國家/社會」關係的看法,主要有兩種看法。其一是認為可以強化個人主義和分殊化,這些原本就被認為屬於市民社會的特性,這將使市民社

會能夠湧現或獲得更大的活力。其二是認為反而會使國家強
化介入包括經濟在內的許多領域的能力，國家活動的範疇不
只侷限於「政治—行政」系統，而是介入或捲入許多傳統上
被認為應該屬於市民社會的領域。經濟也不再被認為是國家
與社會之間的明顯界限，因為國家成為資訊技術和知識的生
產者、消費者，這樣一來國家簡直成為資訊部門的一個環節，
而很多資訊工作者也被國家所聘用或僱用。而且國家透過支
持鼓勵私人資本輸入公家的公司，使公家和私人財產互相滲
透，形成相互依賴和重疊的現象，積極的去規約操控經濟環
節。市民社會的私有性遭到嚴重的侵蝕，私有經濟和公共實
體之間不再有明顯界限，而國家與市民社會的區隔也因此遭
到侵蝕，國家接收了許多傳統上被認為屬於個人、社群和社
團的功能，更有甚者，由於資訊和傳播技術的發展，國家不
只能更有效的行使行政權力，而且能更有效的介入個人的政
治和社會自由，國家變得更專業有效率，個人的自由就會受
到威脅。如此一來，傳統對於國家和市民社會關係的看法應
該重新加以檢討[10]。

　　上述這些爭論各自都能給人某些啟發。不過，值得注意

---

[10] Slarko Splichal, Andrew Calabress & Colin Sparks eds., *Information Society & Civil Socity*, Purdue University Press, 1994, pp.36-46.

的是，從浮面的角度看，隨著資訊和傳播技術的發展，人似乎可以更有能力參與公共事務。但事實上，不管在經濟領域或國家機器中，決策制定卻呈現更集中化的現象，其結果就是決策的去政治化（depoliticized），從政治監督、討論和控制過程中被抽離出來交給號稱或被認為擁有資訊和傳播能力和條件的精英和專家，而民眾被認為是沒有能力去參與決策的，因此而被迫遠離政治過程，只能投入消費的行為中。這是市民社會遭到侵蝕的最明顯的表現。而這也可以被視為是公共領域的再封建化（refeudalization）、去理性化（derationalized）和商品化（commodified）。

網際網路的發展標誌著晚期資本主義的特徵，有論者以其做為人類社會從現代向後現代轉折的標竿。不過，網際網路的發展就如同啟蒙以來任何技術的突破一樣，既有解放的功能，也會造成另一種形式的宰制。

在以電腦和網際網路為基礎的資訊化的制約下，許多人形成相當素樸浪漫的看法，以為資料等於資訊等於知識等於智慧等於真理等於自由[11]。其實，資料要成為資訊和知識，必須一定的過程和具備相當的條件，而資訊化知識被視為智慧和真理，甚至是自由的獲得，這是從解放的向度來看待資

---

[11] Rob Shields ed., *Cultures of Internet*, Sage Publications, 1996. p.125.

訊科技和網際網路。如果再追究下去的話，上述的認知等於認爲，擁有取得資訊化知識的主導權，才是進步的，而無法具有這種地位者，就不具有智慧和真理，是不進步的；在進步與不進步之間，可能就會延伸出宰制與被宰制的關係；因此，在進步主義背後，隱藏著某種社會達爾文主義的心態。

再多的資訊也不必然會自動地導致問題的解決。認爲網際網路代表著就是知識，就如同認爲資訊都是渣滓一樣都是非常化約和極端的，網際網路對於第三世界而言，往往不是解放，而是另一種形式的被殖民；今天討論全球的低度發展問題是不能規避網際網路的問題。網際網路的結構、語言、內容，基本上是由西方所主導的，具備相當深刻的西方特性。在第三世界的所謂邊陲國家，能夠在網際網路上線的人或族群，基本上都是經濟條件相對優勢者，或者曾在海外受教育者，他們基本上都籠罩在以西方爲主的網際網路結構之中[12]。

有很多人認爲，網際網路相當能夠展現差異性，因此它本質上是民主的；也有人認爲，透過網際網路很容易去動員或感染意見相同的群眾，因此是一種民粹主義式（populist）的媒介，很多政治人物、藝文界的明星、藝人、團體都已經非常懂得運用網際網路來吸引大眾；網際網路其實會不斷強

---

[12] Ibid. p.126.

化和再生產社會中的同質結構，虛擬社群仍然必須附著在大眾文化的制約下，追隨著流行和消費主義風潮，而不斷地被切割成一塊塊的小眾，活在非常封建的領域之中，或充滿部落主義意識的世界之中。網際網路中所呈現的多元的表象，事實掩蓋了網際網路對同質性強化這一面向[13]。

　　要使網際網路能充分體現多元和差異性，就必須加強技術訓練的普及化和社會化，跨越性別、年齡和種族的區隔。不過，在這裏所面對的一個難題是：資訊和網際網路技術變化的速度，經常快到讓人們無法及時學習和接受訓練，以便於能夠充分的參與。此外，政府、政治團體或其他任何團體，都想透過網際網路實現認同和一致性，這種力量和趨勢往往大過要求透過網際網路展現差異的呼聲和力量。

　　從階級的結構來看，擁有資本和技術的族群，或許可稱為「資本／技術階級」，控制了網際網路結構，網際網路的使用者與網際網路的關係，既是生產者也是消費者。而「資本／技術階級」造成網際網路世界中的階級層級，而且不斷以滿足社會大眾之名，將社會大眾趕入網際網路結構中，宣稱讓他們因此而獲得救贖。技術資本主義既是未來社會的標誌，同時也是主流的意識形態；而技術決定論的聲浪也會取

---

[13] Ibid. pp.126-127.

代經濟決定論，成爲未來理解社會和歷史發展的主流論述之
一[14]。而未來有關本體論的討論，不再能夠只侷限討論現實
世界的本質，而更必須著重虛擬世界的本質爲何的問題。

　　虛擬社群的意識和意向的展現，其實相當受到資本／技
術階級的影響，資本／技術階級和虛擬社群的關係是支配與
被支配的關係。資本／技術階級相對於虛擬社群而言，是造
物者或者甚至是神和上帝，他們會去影響主導虛擬社群的出
路和方向。其實，資本／技術階級是技術資本主義社會最高
的主宰者，他們同時掌握現實世界和虛擬世界，並且力求在
兩個世界中的主導權能夠合一，甚至能夠相互保證和支持。

　　而隨著網際網路和資訊科技的發展，傳統意義上的藍領
階級基本上已經逐漸消失，但是除了位居金字塔型的社會階
級結構頂端的資本／技術階級外，技術資本主義社會的人多
被納入廣義的知識型的工人階級的範疇之中。馬克思的無產
階級絕對貧困以及所謂無產階級和資產階級的結構性衝突鬥
爭的分析，基本上已不適用來分析技術資本主義社會。

　　或許在將來，人能不能或願不願意進入資訊科技和網際
網路所佈下的天羅地網，才會有資格和條件活下去；換句話
說，擁有網路身分、能力條件和地位，才是人能活下去的先

---

[14] Ibid. pp.128-129.

決條件。到這種地步，或許人的公民身分或公民權是由網民身分和網路權的邏輯和機制來決定的。而如果要處罰人，最關鍵的就是將其從網際網路中驅逐出去，取消或限制他進入網路空間的權利和機會；在另一方面，如果人要自我放逐，可能也就是讓自己從網際網路中逃出來；不過，關鍵的問題是，人到這種地步，到底有無隨便離開網路世界的自由。

對資本／技術階級而言，廣大的群眾是他們豢養或主導的「羊群」，資訊科技發展的速度，使網際網路和資訊科技的使用，絕不可能完全的普遍化和社會化；這會使得相當比率的人口一直處在相對「文盲」的狀態中。這些人對資訊科技和網路世界既愛又怕，有可能淪為弱勢的族群，他們有可能因為恐慌而更選擇遠離網路世界，而成為未來世界的邊緣族群，類似幽靈般地在各種網路世界間飄盪；不過，他們也有可能成為反抗資訊壓力的力量，會經常藉著各種機會抗拒網路世界的滲透和牽制，或製造虛擬社群和現實世界的再分割和對立。

其實，逐漸地，人幾乎已經別無選擇，必須承認虛擬性也是人存有的一種方式，人們會更大量，甚至習慣地將他們在虛擬世界中的記憶帶進現實世界中。人或許必須嘗試不斷進化，學習認同他們上網上線的經驗，把這些經驗當作是真實的，這也許就是網際網路的自然化或現實化，人們透過它

來展現另一種現實。網路世界可以把人的有形身體或軀體遮
掉，但卻必須用不同的形式去表現人的生命。網際網路使人
們著迷，用宗教的語言來講，就是使人陷入某種迷障之中；
而人們必須學習從這種著了魔似的困境中解放出來，這是一
種進步的或進化的解除迷障或魔咒的過程。這種進化的過程
如果進化得不順利，在虛擬社群與現實世界之間，環繞著各
種虛實族群，將會有層出不窮的張力和衝突，而這將是人類
未來動盪不安的主要來源。

　　資訊化的發展，產生一種社會化的效應，讓人夢想可以
完全超越身體的侷限；可是，透過人們對網路世界的進一步
認識，人們必須重新設法讓虛擬世界的經驗現實化，縫合所
謂虛擬世界和現實世界的裂口；而且，在另一方面，也要認
識到，不管是虛擬世界也好或現實世界也好，靠的都是人的
生命力去進行體驗和經驗的。有了這樣的認識和作為，人們
才算是做到使虛擬世界辯證地回歸到現實世界。人的有形身
體或許可以被隔開或被蓋掉，但是無論如何活生生的生命存
有是賦予現實世界和虛擬世界內涵和意義的基礎，這是任誰
或科技都無法拔除的。

　　人透過種種技術，不斷要超越身體的限制，延伸出所謂
虛擬世界和現實世界的區別；這是人類未來動盪的根源；也
許，解決之道在於，讓跨越身體限制的體驗，重新回歸到身

體所承載的生命存有中來。這條路看似辯證迂迴，但只要人願意，其實一小步距離而已。

傳統上，我們經常以政治社會和非政治社會二分法（或被轉成所謂的國家相對於社會的模式），和經濟社會／政治社會／市民社會三分法的方式來論述許多國家的政治發展。而在後者，經常將市民社會視爲是不直接按政治邏輯或經濟邏輯操作的領域。不過，這三個領域都是現實世界中的領域。而網路世界或空間是虛擬世界，它的運作邏輯和機制與現實世界不同。很多人從虛擬世界體現多元和差異性，認爲網路世界應該是一個公共領域（public sphere），從而也屬於市民社會的一環，或者會成爲市民社會的重要載體或展現的領域。其實，網路世界作爲某種形式的公共領域，其性質和本質和現實世界中公共領域是不同的。更何況，再細究下去的話，其實網路世界是一個鼓勵支持同質性遠勝過異質性和多元化的領域，這和我們對公共領域的期待和認識是有所差異的。

資訊傳播科技的發展，在某個向度而言，不只是對家庭的純淨性的破壞，而且也爲公權力或外界力量介入私領域，創造了更多的管道。而網際網路所創造的空間，是一個公私難分的世界。一方面，人透過自己家中或辦公室的電腦進入網際網路世界，可是，另一方面，當人在這麼做的同時，也讓諸多外界的觀點、想法、資料、圖片介入你的生活中。而且在你的電子信箱中，可能天天都充斥許多基於商業，政治的或其他目的資訊（料），讓你煩不勝煩，這種圖景，顯示做為人隱私領域的家，或個人，在資訊科技和網際網路的籠罩下，正受到外在客體世界的嚴重的侵擾。

啟蒙以來，科技或技術不只被當做世界不斷理性化，而且也被視為人定勝天的表現；其實，這同時也允許外在的客體世界不斷可以滲透主體世界。而伴隨這種過程而來的是，人們逐漸習慣從理性和非理性的區隔去看待事情，只能從二元對立的角度去分析事物，而且允許所謂客觀世界的邏輯來介入我們的生活[15]。

在要求我們按照客觀理性規則行事的同時，人以為戰勝了自然，操控了外在世界，其實也是讓人臣服於外在客體世界。當人以為可以操控外在世界時，其實也是讓自己門戶洞開，攤在外在力量介入你的生命的界面中，人操控外在世界的技術力量愈大，人的生命被介入的可能性以及深度廣度就愈大；因為每個人在別人眼中都是屬於他者或外界的一環，因此也就成為別人進行技術操控的和介入的對象。

當我們透過資訊科技，排除障礙，建構了種種可以跨越

---

[15] Ibid. pp.33-34.

時空界限的通訊媒介，如電話、傳真、網際網路等，也同時讓自己的生活領域的隱私性受到嚴重的侵犯。尤其是我們的電子信箱，隨著資訊全球化的發展，更加暴露在各種力量或個人介入的狀況之中，而我們甚至根本無從去追究到底這些進入我們電子信箱的力量或個人是來自何方，或甚至阻止他們的進入。因為介入我們電子信箱的過程有可能像迷宮一樣，有好多種管道和可能性，但是我們卻無從確定是來自何種管道，同樣的，我們要進入別人的電子信箱，中間也經過一個迷宮式的過程，只是這個過程是被技術力量所遮蓋而已。尤其是我們從一個網站到另一個網站，特別是跨國性的網站，中間所經過的迷宮式的過程，恐怕會愈來愈多樣化。

這種迷宮式的溝通中介過程，是由技術力量以及掌握技術力量者所操控，人只知道從迷宮的某個入口進入，不知所以然的到達迷宮的終點站。人依賴資訊科技進行溝通互動的程度愈高，人就被拋入更多的資訊迷宮中，從而也增加自己更多的生命風險和無法自主的危機。從某個角度來看，人透過資訊科技進行溝通，就像走迷宮的白老鼠，是在被設計操控的情況下去和別人或他者進行互動的。

因此，當我們在讚嘆資訊科技和網際網路的神奇和方便時，其實就更加陷入迷宮式的生活中；走被設計操控的迷宮式的溝通管道，佔據了我們生活中的相當多的時間。掌握迷宮設計和操控權者，其實就掌握了人的溝通管道、方式和速度，從而也相當程度的掌握了人的生活和生命。

資訊科技和網際網路，增進了人溝通方便的同時，也讓人更把自己交給了掌握技術力量者的手中，成就了他們的財富和地位，以及他們對一般使用者的主導權和宰制權。這其實也算是人的生命的異化（alienation），可是人卻甘之如飴，自覺或不自覺的繼續歌頌資訊科技和網際網路，這真的算是人生命的危機。

人類一方面在追求科技進步，可是另一方面又會不斷產生恐懼感，害怕侵犯造物者或神和上帝的權威，以及擔心科技的發展會反噬人類，甚至讓人淪為科技的奴隸或宰制的工具。這種複雜的心理很具體的表現在許多科幻小說，尤其是以電腦科技發展為基礎的有關未來世界描述的小說。

在過去人類特別是西方的文化和科技水平的制約下，西方人當然也包括在西方影響下的許多人習慣於前述所提起的二元對立的邏輯來思考和處理事情；但是，在資訊甚至包括其他科技發展的制約下，這種二元對立的簡單邏輯已經不再能夠足以去應付事情。新科技和新的傳媒的結合，已經使其自己擁有生命，電腦和網際網路不再是一個死的技術，而是一個「有理性」和活力的實體，它們不只儼然已經成為未來世界文化形成的重要根源，而且也創造了新的社會互動和服務的網路，而人就如遊戲者或演員般，在這個宏觀網路中，憑藉自己每天的生命動機生活下去。客觀網路和人的生命動機互相依賴和滲透，變成人的生態系統，而這個系統主要是透過資訊流所建構成的。人在這個資訊流中，就猶如陷入一個大迷宮中，它讓人認為可以不屬於某個集權化的實體力量，而是在茫茫的資訊戲局中流轉。

在這個迷宮中，參與者的身分是流動而短暫的，因為人可以選擇呈現「自己」的方式，出現在不同的電子部落之中，擁有不同的電子或資訊身分或面貌。透過這種方式所組成的「社群」，當然不同於以「面對面」接觸為主的社群。後面這種社群，是啟蒙以來大家所習慣的社群；不過，當資訊科技和網際網路逐漸取代面對面的親身互動和接觸時，我們對所謂「社群」的定義，恐怕必須重新來過。排外性的歸屬感或參與式的排他性，被短暫的融入感所替代；基於有形的地理界限所形成的疆界和友善感被符號式或象徵式的疆界感（symbolic territoriality）所掉換，移情式的親近取代了由於實際互動相處所延伸出來的感情。社群的組成不斷朝去疆界化和去物質化的方向發展。

網路空間其實就是人們透過資訊科技的某種社會實踐的場所；儘管，從現實社會（群）的角度來看，網際網路上的社會實踐是形式多於實質，遊戲多於真誠，虛假多於嚴肅，但畢竟就是人的生命實踐的表現；人的社會生活也許必須重組，並且允許網際網路的實踐進入人們社會生活的領域中來；不過，在虛擬與現實的兩個領域間，可能都會一直存在著轉換的介面，除非有一天虛擬的層面不斷擴大逐漸涵蓋或侵蝕所謂現實的層面，否則，恐怕得允許讓兩個不同領域有不同邏輯機制的存在，讓人的社會實踐可以有兩個不同的空間，不必侷限在所謂現實空間之中；這樣一來，社會實踐就跳出了傳統的意義。

　　不過，當我們透過按鈕和鍵盤，進入網際網路世界時，人就如前述進入迷宮，在迷宮中，人像遊牧民族或幽靈般的遷移和流轉，而且將人類理性和非理性的雙重向度都發揮出來，把人性表現的淋漓盡致。而從另一個角度來看，網際網路創造了一個符號的（或象徵式的）疆界，讓人在其有生之年，恐怕必須不斷地花更多時間生活在其中；亦即，這種疆界或領域儼然已經成為人的生活和生命實踐的場域。更有甚者，資訊科技的發展建構了有自己「理性」和生命機制的載體或實體，它可能發展出自己的一套「理性」邏輯，遠超出啟蒙以來所發掘的人的理性邏輯之外。而且，這個載體有可能孕育出新的後代，而無法用傳統的對人的或對機械的界定，或「理性／非理性」的標準來加以認知。亦即，這種東西不再只是傳統意義下的人，而且也不只是一般意義下的機

器，它既是人但又不純然是人，是一種能游走於虛擬與現實
之間的新的存在種類。

網際網路的發展，被不少人認為提供女性主義
（feminist）進一步擴張的空間；因為它可能會侵蝕長期以
來以男人為主的父權統治。

在父權體制的制約下，女人經常被轉變成不同形式的商
品，在男人之間流轉，她甚至沒有自己的自主角色，不能為
自己講話，不允許有欲求，從而也就沒有自己的主體性。父
權制要求所有的商品、工具和傳媒必須認清自己的地位，而
且絕不能顛覆他們所服務的男人的統治性的角色。因此，父
權制是建立在一套非常集中化的權力機制上來運作的。

網際網路卻將人們拋入一個需要許多次級單位連結而成
的資訊流和迷宮中，資訊不能夠集中化的被貯存或流轉。不
像過去的科技或機器，只具有某種單一的功能和目標，電腦
可以有多重目標和功能，而且不斷的在超越目前所擁有的功
能，甚至我們已無法說電腦的功能將伊於胡底。我們已無法
確切地說，電腦能做什麼，網際網路這個載體會把我們導引
到何處，可是，它們卻在許多事情上都能表現它們的功能和
作用。這就好像女人，他們自己可能都不知道自己想什麼，
要什麼，或能做什麼，可是他們卻無所不在，表現他們的功
能和作用。

　　女人長期以來的身分是流動的，她們在男人的宰制下被動的被貼上不同的標籤，她們很難有穩固的自我認同感。就如前述，在網際網路世界中，每個人的身分是流動的，愈像遊牧民族般在不同的網路族群中流動人的這種身分流動性，是被網際網路的超越物理和身體侷限的特性所促成的。因此，在網際網路中，每個人的身分屬性都被女性化。而且，在電腦和網際網路世界中，人就猶如置身於一個大「母」體中，這個母體雖然不能明確地告訴人，可以對人有什麼幫助，可是人卻必須在很多事情上依賴這個母體，受它的「呵護」和照顧。

第**6**章

網路權

　　網際網路空間之所以是虛擬的，主要是因為它並不存在於具體的物理實體中，而是存在於傳訊技術的光和電子的傳輸過程中。不管我們願不願意，虛擬空間正和現實世界平行的發展和成長著，而且不斷滲透我們的生活。我們雖然超越我們的形體，進入網路空間，但我們並沒有完全消滅我們的身體，而可能是再創造了我們的身體。網路空間並不完全只是純粹的心靈的領域，我們雖然無法帶著自己的身體直接進去，但是我們的情慾感知（受）仍然會源源不斷的滑進去。網路空間雖然隔離了人的形體和身體，可是它卻為我們再創一個新的實體。

　　很多人認為他們是做為一個個人進去網路空間的；因此，網路空間是由許多不同的個人所組成的。但是，也有不少人注意到，儘管上網者是以個人進到網路世界，但是一進到網路世界中，就被置身於大大小小各形各色的社群之中；而網路社群究竟是什麼樣的社群，這個問題對人而言可以有無限想像的空間；不過，其實網路世界中的社群比起現實世界中的社群，是更道地的「被想像出來的社群」（imagined community），在現實世界的社群，其組成並不完全是透過人與人之間的實際接觸和互動，有一大部分是由於人的移情和想像。而在虛擬世界中，網友所進行的是一種未曾謀面的互動，不是實際的接觸，網路社群的組成，更大部分是靠人的移情和想像[1]。

而網路空間中，社群和個體之間，或個體之間的關係仍然是一種權力關係。因此，要瞭解網路空間的本質，也必須從權力操作的向度來進行。

權力不只是一種佔有或擁有（possession），它也是將一種意向或意志強加某些人或某些事情上的能力。因此，權力是透過克服反抗來體現的，從而也具有宰制的意涵，甚至可能產生人際間不平等的結構；準此以觀，某甲為何會聽某乙的，關鍵在於某甲知道某乙有將意向和意志強加在他身上的能力，某乙擁有宰制的地位，他自己是無法抗拒的，在另一方面，我們開車碰到紅燈，為何會自動停下來，因為我們知道紅燈代表公權力，這個社會中的公權力規定汽車駕駛人碰到紅燈必須停下來。這也就是說，是社群或社會中的成員，有了關於社群和社會的種種規範的認識，才使得這些社會規範具有對個人的約束力。因為每個人瞭解紅燈所代表的意義，紅燈才能使汽車駕駛者停車，紅燈本身並不具有權力；因此，就一個社群或社會而言，公權力的維持是屬於社群或社會秩序維繫的一部分。

---

[1] B. Anderson, *Imagined Communities*, second edition, London: Verso, 1991.

　　權力的行使，既是一種強制或佔有，也是一種宰制或不平等結構的體現；不過，它同時也必須透過人們對於權力結構的認識才會產生。因此，權力既是一種能力（力量），也是一種結構和認識。

　　而網路權（cyberpower）是權力的一種形式，它建構了網路空間的政治和文化。它包括個人、社群（會）和想像的三個領域，屬於個人領域的網路權，是透過個人的佔有來表現；屬於社群（會）領域，網路權表現爲某種形式的宰制；而在想像的領域中，網路權表現爲社會秩序的建構[2]。

　　個人的網路權，指的是個人在網路空間中獲得或擁有的能力。在網路空間中，人可以透過不斷的自我再界定，以不同的化身（avatar）出現在網路空間中，而使自己的身分呈現流動性[3]。而人們不只可以透過 e-mail 網頁和論壇來呈現自己不同的身分，甚至會逐漸形成自己的風格，企圖建立自己的名聲。亦即，網路空間提供了一個空間，讓人擁有某種能力，可以超越別人的抗拒，或使別人根本無法抗拒，接受自己不同的化身。人在現實世界的本尊，受到時空和物理形體的制約，可是卻可以透過網路空間的虛擬世界，以不同的

---

[2] Tim Jordan, *Cyberpower*, Routledge, 1999, pp.5-9. chapter. 7.
[3] Ibid. pp.65-79.

化身或分身，跨越時空和物理形體的限制，和不同的人、團
體和對象互動和接觸，並且使其他人、團體或對象不得不接
受他們這些分身和化身。

　　而由於身分的流動性，使得網路空間在本質上是反階層
的（anti-hierarchical）。在這種結構中，網路空間中的討論
比現實世界中更接近平等主義的（egalitarian）水平。此外，
網路世界的資訊流中，沒有中心權威的存在，任何企圖檢查
或限制進入網路空間的企圖，都會遭到挫敗、網際網路的技
術本身是去中心的（decentred），技術似乎決定了網際網路
本身具有反階層的解放特性[4]。

　　上面這種觀點只是一種技術決定論的論述。我們必須知
道，在網路空間中，不管人的身分是可以多麼的流動，但是
身分並沒有消失；同樣地，基於身分所延伸出來的階層分化
也並沒有消失，只是以新形式的網路身分來重新被創造而
已。亦即，在現實世界中維繫階層的手段在網際網路世界中
是不存在的；因為，人的互動被化約進入螢幕中，而且每個
人都無法阻止另一個人表現意見或說話。

　　在現實世界中，階層分化是建立在一些有形的物理或生
物的基礎上；而在網際網路世界中，階層分化是建立在人創

---

[4] Ibid. pp.79-85.

造身分的手段之上。講的更細點，人是透過他人在網路世界中使用文字符號的品質能力和技巧，以及由此所透露出來的資訊，而不是根據他人的社會和制度地位、性別和種族來判斷對方所屬的階層，或對對方進行歸類，或賦予對方在網路世界中的位階。

在網路世界中，允許多對多（many-to-many）的溝通，而且可以不斷容納更多人加入溝通討論。這種情況在現實世界中是被限制的，因為人必須在一定的時空定點下，聚集在特定的地點，來一起討論溝通。網路世界的特性，基本上克服了現實世界中由於制度和固定身分所延伸出來的階層分化的問題，提供不同於現實世界的溝通方法，並且允許更大的參與，這對於現實世界基於固定的階層分化所延伸出來的政治操作是一種巨大的挑戰；因此，這種多對多的溝通討論模式有可能遭到現實世界權威的限制或排斥。

從網路的邏輯向度來看，對網路的檢查監控是一種傷害。而且，其實對網路世界中資訊的檢查是困難的，不過，一些團體或公權力機關自然會嘗試去限制進入網路空間的管道；不過，網際網路的發展；允許人擁有跨越這些檢查的能力。如何確保上網和使用網上資訊的權力成為人們體現網路權的重要工作。

當許多網際網路的使用者透過化身，一再地回到同一個資訊空間，社群就會形成；因為他們會與其他化身發展出關係，同時成為網路中虛擬社群的一個成員。

不過，網路空間畢竟是因為網路科技而成為可能的，運用技術的能力對於虛擬社群的成員就變得格外重要。在網路空間中，資訊流猶如一個茫茫大海，對於每一個網路空間的使用者來講，都有無窮無盡的感覺；因此，每個使用者都渴望在網路空間中發現有用而且重要的資訊，可是當他們被迫進入資訊流這個大海時，就會有嚴重的資訊過度負擔的感覺，無法有效的組織這些資訊。而這又導致必須運用新的技術工具來管理這些資訊流，但是這可能又導致另一種新形式的資訊負擔的壓力，從而又渴望有新的技術工具來管理資訊，於是使用技術的能力成為能否有效管理資訊的重要關鍵[5]。

但是，資訊技術是愈來愈為複雜，這就使得網路使用者很難只是把這些技術只當做工具來使用。擁有更專業的駕馭這些技術能力者就有可能成為網路世界中的精英，他們相對地比較能夠馴服網路技術，使他們真正成為工具。而這些人也就會成為網路世界中，或虛擬社群中的精英，這些精英，憑藉專業或對專業的控制，在網路世界中擁有某種宰制或支

---

[5] Ibid. pp.110-117.

配的地位[6]。

　　資訊過度負擔是進入網路空間後自動產生的後果；本來，資訊的世界就是一個資訊過多的世界，無論我們企圖透過什麼新的技術工具來管理資訊，在不斷提升我們掌握資訊能力水平的同時，使我們在新的水平上，面臨新一波資訊過度的壓力，這是一個惡性循環的過程，因為新的技術工具總是讓我們生產出更多的資訊。在這個循環過程中，人對資訊的渴望不斷被創造出來，而且很難被滿足。

　　對資訊的渴望，很容易轉變成對技術工具以及對擁有專業技術能力的依賴。這些精英可能會決定網路空間的走向，其他網路使用者對於網路空間的發展愈來愈沒有置喙的餘地，他們是處在被導引被支配的位置上。可是很諷刺的是，進入網路空間的結構壓力，讓網路使用者迫切的覺得，需要更多的技術工具和專家來幫助他們控制資訊，使他們能從資訊大海中獲得解放和自由，可是相對的，卻陷入技術工具和所謂專家的支配之下。網路空間的可能性，是可以由擁有相當複雜的技術能力的精英來創造、修正和控制的。網路世界愈來愈受專家所形成的網絡的影響。

　　技術不會自己產生效用和功能，必須透過人們的技能和

[6] Ibid. pp.135-141.

社會組織來實現。大的高科技公司的專業經理人和政府相關的單位和官員，決定了網路科技的經濟和社會效應。當然，在網路世界中，擁有技術權力的精英，還包括那些能侵入別人的電腦系統來達到他們各種目的駭客們。這些在網路世界中的精英，隨著網際網路在人們生活中的角色地位的不斷攀升，也將會成為現實世界的精英和宰制支配者。

現在地球上的許多國家或地區，都已經自稱或被稱為資訊社會，而這些社會都在強化追求資訊權的力道。在這種追求過程中，顯示現實世界對於網路空間的強烈需求。而透過網路空間，現實世界中的生產、消費和政治運作產生重大的變化。在生產領域方面，透過網路空間，財政資金（本）的規模據增，而且可以快速的移轉流動；其次，生產過程可以按功能區分，分散在世界的不同地區，因為地理上分散的生產過程，可以透過網路空間而獲得協調合作。再而，透過網路空間，全球的不同層級的經濟區分，可以形成合作式的分工網絡。在消費方面，網路空間可以擴大了財貨的市場，增加了世界的貿易量，因為網路空間可以更進一步拉近財貨和個人欲求的距離，提供種種的消費資訊[7]。其實，資訊本身就是一種商品，是可以買賣的東西，它本身可以被擁有和消

---

[7] Ibid. pp.143-144.

費。而現在隨著科技的發展，已經可以把不同的媒體加以整合成爲一種多媒體，人們可以透過它獲得各種原先必須透過不同媒體才能獲得的資訊。在政治方面，網路空間通常與民族國家權力的變化、不同民主可能性的出現以及草根組織的興起關聯者一起而被討論。

網路空間之所以能夠促使上述之領域的變化；主要是因爲網路空間是一個資訊流轉的空間，它提供了一個全球的、及時的和永不休止的溝通和交流。網路空間在這個過程中創造了許多上述三個領域所需要的資源。而這也意謂著，現實世界或叫做離網（off line）世界的需求必須透過更進一步的網路空間技術來加以滿足，擁有技術能力的精英相應的也就會在這個結構中擁有優勢的地位，因爲現實世界需要他們去創造和維繫網路空間和資訊流轉的空間。

網路空間對於現實世界是如此的重要，現實世界的控制者和管理者當然會想確保讓網路空間會繼續提供他們的服務，而且是可依賴和安全的。因此，他們往往企圖按照他們的意志和想法來設計創造網路空間。不過，網路空間是會按照自己的邏輯，創造自己的社會結構和社群形式。於是，在這兩者之間就會產生張力甚至衝突。

在這裏，必須澄清一個概念，網路空間包含網際網路以及其他或許並未和網際網路連結的電腦網路。儘管網際網路

（internet）是目前網路空間的主流形式，我們可以比較籠統的以網際網路來概括網路空間，但嚴格來講，應該有所區隔。

人們儘管很難相互會面或認識，可是卻能夠形成一個認同感，而互相認為屬於同一族群，這必須靠集體的想像才有可能。民族主義的形成，就是建立在一個集體的想像上，因為民族中的每一個成員可能都不會相互碰面，可是他們卻相信屬於相同的民族。所有的社群或多或少都必須靠某種集體的想像才有可能形成。

網路空間的特質，在於抽離身體的接觸，因此網路空間中虛擬社群的形成，更需要靠想像才有可能。不過，想像的表達與匯集，必須依賴媒介（體）；民族主義在近代以來的形成過程中，相當程度依賴出版印刷技術；而今網路技術和空間的出現，將促成一種不同以往仰賴出版印刷技術的新的集體想像，我們或許可以將之稱為虛擬的想像。

在網路空間中要求個人權和社會權，基本上是可以被連結在一起的，而促成這種連結的，不只是個人的能力和網絡結構，而更是網路空間中人們的集體想像。

在網路空間中的集體想像，包含兩方面，其中之一是烏托邦式的想像。這種想像認為，在網路空間中，人和機器可以合一，而任何事情都可以依據資訊的邏輯、律則和符碼來加以處理和掌握，甚至人的生命都可以被轉化成資訊，變成不生不滅，從而具有某種形式的神性。這也就是說，在網路空間中，人希望成爲 cyborg，依賴或透過機械和電子設計的幫助，跨越有形軀體的限制[8]。

另外一種網際網路的想像是負面式的，擔心網路空間所提供的空間會導致邪惡或罪惡的結果。人機合體的變體，使人變成非人，或甚至淪爲資訊代碼，容易受到操控[9]。

上述這兩種有關網路空間的想像，基本上都建立在一個信念上：每件事情都由資訊組成，或可以轉變成資訊。前一種想像，將網路空間的社群，想成是天堂一般；而後一種想像，則將網路空間的社群，想成像地獄一般。將網路社群想成像天堂般，主要可以 John Perry Barlow 在 1996 年所發表的〈網路空間獨立宣言〉（Declaration of Independence for Cyberspace）爲代表，在這個宣言中，不只宣告網路族群的獨立性，甚至還宣示網路民族（cybernation）的存在。不過，如果從正面的想像出發，人在網路空間中都成爲 cyborg，不再是一般意義下的人類。做爲一個 cyborg，第一跨越人和動物的分野，第二突破人機的界限，第三打破了物理和非

---

[8] Ibid. pp.179-180.
[9] Ibid. pp.180-181.

物理的界限；第四甚至還模糊了性別的區隔。因此，cyborg，算是後性別時代的產物。

在另一方面，網路空間運作的基本原則是：資訊主宰一切，或一切都是資訊或可以轉成資訊。這就賦予了資訊主體性的角色，資訊成為活生生的東西，甚至會按照自己的邏輯自由地支配每一件事情；而在這種情況下，人變成被支配的客體；因此，資訊的流轉和運用，其實就變成人的一種異化的（alienated）生命經驗；而人可能又希望在這種異化的生命經驗中獲得自由，或讓這種經驗本身能使我們的欲望的表現獲得自由[10]。

資訊因為人的生命實踐，人的組織、管理、搜尋甚至創造而成為可能，可是它卻逐漸被視為獨立於人的生命之外，而且可以不需要有任何的社會基礎，並且反過來可以支配人；這既是資訊物化的過程，也是資訊對於人而言，一種異化的過程。資訊因人或由人而產生或被創造，可是它卻成為獨立於人之外的一種客觀的力量，有其自己的邏輯和機制，而這些邏輯和機制，就會成為虛擬社群中的律則，或者是虛擬社群建構和維繫社會秩序的依據。

不管我們對網路空間是正面或負面的想像，總是得預設

---

[10] Ibid. p.194.

或面對做爲客觀獨立力量的資訊流的問題。而人們在這種前提下，透過想像形構虛擬社群的社會秩序。資訊和人之間的異化關係，這是思考虛擬社群的本質或特性，必須重視的根本問題。而這種異化關係將不只會延伸出虛擬社群中的社會和政治問題，也將成爲現實世界中的重要社會和政治問題。

就如前述，網路空間中的社會或政治張力，主要會表現在資訊精英和一般使用者或網路社群的一般成員之間，這可以說成是精英和非精英之間的張力；而如果上述的資訊與人之間的異化關係的運作權，操在資訊精英手中，那將更加大精英對一般使用者的宰制支配力，從而也有可能延伸出精英與一般使用者之間的張力；可是，值得注意的是，雖然資訊精英有可能掌握上述這樣的宰制支配權，但有可能資訊對人而言的異化力量，會超過資訊精英的掌握之外，反過來反噬資訊精英；因此，將來，資訊精英也將會面臨異化的資訊力量的挑戰和鬥爭；也許，這也算是對網路空間較爲負面的想像，但這種想像是有其現實意義的。

對網路空間正負面的兩種想像，將延伸出對虛擬社群的不同期待，進而延伸出在現實世界和虛擬世界中的鬥爭。不過，網路空間具備有成爲天堂或地獄的種種可能性，而在人類汲汲營營想掙脫肉體和時空的束縛的過程中，人類卻不斷創造出種種異化的可以宰制支配人的力量，這是一種弔詭，也是人類無法躲避的宿命。在網路空間中，問人為何物，恐怕將是一個棘手的技術和哲學問題，而這將顛覆以肉體身為基礎的人本位的思考邏輯和傳統。

第7章

資訊戰之理論與實際

一、資訊戰之總體意涵

　　資訊競爭和人類的衝突一樣古老久遠，每個國家、公司和個人都設法要增加並保護自己所儲存的資訊，同時也致力於限制與突破對方的資訊。基本上，從七○年代以來，人類在蒐集、儲存、分析和傳送資訊的技術方法上都有著長足的進步，因此，資訊技術改變了原有社會的產業結構和經濟結構，改變了人們勞動方式和生活方式，也改變了社會生產的組織和管理體制，使社會進入資訊時代。

　　八○年代初，美國社會預測學家托夫勒（Alvin Toffler）所著的《第三次浪潮》（*The Third Wave*）一書問世。這本書著重從人們眼前看到的生活變革的事實入手，分析了人類社會文明正由工業社會走向資訊社會，並提出了資訊社會完全不同於工業社會的生產方式、工作方式和生活方式[1]。此書的出版，引起學界相當大的重視，認為資訊時代的來臨，人類所面臨的將是一種不同以往新型態社會，而這本書的出版，也引起其他不同領域的學者專家進行辯論。

　　1989 年，美國軍方開始研究資訊時代的戰爭，並提出「計算機病毒戰」的概念，一時之間，有關資訊時代的戰爭

----

[1] Alvin Toffler, *The Third Wave*, New York: Morrow, 1980, pp.3-9.

引起學界極大的反響。1990 年 11 月，托夫勒的另一本研究
資訊社會書——《權力變移》（*Powershift*）出版，在這本書
中，提出了資訊戰（information warfare）的概念，但這並
不是從軍事意義講的，而是從市場意義講的[2]。1993 年，托
夫勒的《新戰爭論》（*War and Anti-war*）一書出版，人們漸
把眼光把資訊對人類的影響由社會領域轉向軍事領域[3]。與
此同時，學界關於資訊戰的研究風潮日漲。

就資訊戰研究興起之原因，可以遠溯自史瓦陶（Winn
Schartau）的著作，即《資訊作戰：混亂的電子高速公路》
一書，該書描寫善用電子詭計的正反兩方人馬以先進的資訊
科技，進行鬥法的故事。這個故事很自然地引起大家對資訊
戰的注意力，並激發廣泛討論的火花。其討論範圍包括如何
善用資訊科技，應採取何種措施以防制資訊科技之濫用及資

---

[2] Alvin Toffler, Powershifts Knowledge, Wealth and Violence at 21st
Century, Bantam Books, 1990, pp.58-72.

[3] Alvin Toffler, *War and Anti-war: Survival at the dawn of the 21st
century*, Boston: Little, Brown, c1993 , pp.25-27。托夫勒認為人類的
戰爭方式依其所處的時代文化背景可區分為農業、工業與資訊戰爭。
農業時代的典型作戰方式係用手製武器來掠奪城市內的多餘糧食及
財富；工業時代的作戰方式則是消耗戰，交戰雙方均側重以機器量
產出來的機動性軍備；資訊時代的作戰方式則完全仰賴資訊科技所
發展的通訊裝備及即時處理情資的資訊系統。

訊科技的擴散將個人道德、社會規範、國家法令產生怎樣的衝擊。在正反雙方意見人士之中，持正面看法的保守人士則認為資訊戰具有軍事革命的象徵性意涵，其影響力之深遠有如十九世紀工業革命對當時戰爭型態的改變一樣；持反面看法的保守人士則認為資訊戰只是個響徹雲霄的口號，與其花費大筆經費還不如將這筆預算用來改良現有的作戰方式[4]。

　　正是由於資訊戰的概念是由社會領域向軍事領域進行轉折，其影響層面又相當地廣泛，因此，資訊戰這個概念的意涵也是相當地廣泛。從軍事層面來看，資訊戰的定義就有好幾個版本。第一個版本係於 1995 年由主管指管通情電腦業務的美國國防部次長沛吉（Emmet Paige）所提出，沛吉將資訊戰定義為：「為獲得國家軍事戰略所需之資訊優勢，藉由各種手段以癱瘓對方的資訊系統與情報作業能力之外，更應妥善採取防禦與反制措施以鞏固其情報作業能力與資訊系統之安全。」第二版本係由美國空軍現行採用定義，即「美軍應發揮情資功能，採行任何以壓制、削弱、破壞或摧毀敵人情資系統及其功能之措施，以防範美軍遭到敵人反噬之破壞攻擊行動。」第三個版本係美國陸軍所下之定義，並經「參

---

[4] Daniel E. Magi, *Information Age of Information Warfare*, available at massaged@comm.hg.af.mil.

謀首長聯席會議」與各軍種認可，即「美軍在確保其資情來源、情資作業流程及資訊系統安全的同時，應採取各種手段以摧毀對方的資情來源、情資作業流程及資訊系統，以獲取資訊優勢[5]。」

從上述三種有關資訊戰的定義，我們可以看出，對資訊戰的定義，大致上都是從國家的觀點來強調資訊的重要性，而忽略了資訊對國家安全無關之個人及組織亦會造成傷害。雖然美國陸軍所下的定義版本，適用於個人、組織團體及軍隊，但其揭櫫的「資訊優勢」，包含那些層面卻又未說明，仍是此定義美中不足之處。

有鑑於資訊戰的定義，眾說紛紜且無權威性的解釋，美國國防部進一步於 1998 年 10 月在「聯戰準則 3－13 資訊作戰」中重新闡述美國資訊戰的作為。最初，聯戰準則編撰委員會選定「資訊戰聯戰準則」（Joint Doctrine for Information Warfare），但是在最後完稿時，題目改為「資訊作戰聯戰準則」（Joint Doctrine for Information Operations）。這項變更主要目的是要釐清資訊作戰與資訊戰的關係。依據「資訊作戰

---

[5] 國防部史政編譯局主編，《資訊作戰譯文彙編》，台北：國際部史政編譯局，1997 年，250~251 頁。

聯戰準則」的說明，資訊作戰與資訊戰的差異如下[6]：

資訊作戰（information operations）：不分平、戰時，任何用來影響敵方資訊與資訊系統，並防護我方之資訊與資訊系統的行動。

資訊戰（information warfare）：在危機或衝突期間，針對特殊的敵人，為達成特定目標，所遂行的資訊作戰。

由上述的定義可以清楚看出資訊作戰包含之意涵已更為寬涵，亦即是說資訊無遠弗屆的特性，已使戰場中「前線」（the front）的定義日趨模糊化，在未來的戰爭中，處處可能是戰場。因此，當人們發現可將外界事物的一切簡化成數位中的「0 與 1」組合，並根據電子方法以資料的方式傳送、接收時，這亦代表著資訊已經密切與人類生活結合起來。資訊時代的特點，就是資訊已經在人類基本生活之中扮演著愈來愈重要的角色，因此當人們愈來愈依賴資訊的正常運轉，破壞或操縱資訊傳遞就成為這個極端依賴資訊時代所新產生出來的戰爭手段。在以往的戰爭手段都是以摧毀「實體」為目標，無論是手腳、棍棒、刀矛、槍炮或是核武，無非是能力的擴展，但目標還是「實體」的，然而在資訊時代，則是完全可以以「位元」（byte）為直接目標，透過破壞或操縱

---

[6] See Joint Pub 3-13, Information Operations, Dodd US, December 1998.

「位元」的手段，可以是具體的，如電磁脈衝炸彈（electromagnetic pulse bombs, EMP）等，也可以是「位元」的，如電腦病毒（computer viruses）。後一種手段當然更具有資訊時代的特點，而且它可能使戰爭的型態，以及人類社會生活的許多方面都大為改觀[7]。

1996 年，美國蘭德（RAND）公司出版《戰略信息戰》（*Strategy Information Warfare*）一書，描述資訊戰乃是一種動態發展的產物，資訊戰一詞現正加速地運用於更廣泛的資訊時代「作戰」觀念。這種新興的作戰觀念直接關聯到一種情況，即現行發展迅速的網路全球化趨勢，可能會顛覆過去傳統作戰的方式，亦即是說，資訊戰已經衝破以往固有的邊界觀念。因此，針對此一新興作戰領域，蘭德公司將之稱之為「戰略資訊戰」[8]。

所謂戰略資訊戰，在本質上乃是動態發展中的資訊戰與後冷戰時期「戰略作戰」兩種觀念之結合（見圖 7-1）。這亦即說，資訊科技的發展，帶動網路空間基礎架構與文化的變化，電腦網路之興起與其特性，已經將資訊戰推向新境界。

---

[7] 王小東，《信息時代的世界地圖》，北京：中國人民大學出版社，1997 年，90~91 頁。

[8] Roger C. Colander, Andrew S. Riddle and Peter A. Welcomed, *Strategic Information Warfare: a new face of war* (RAND), 1996, p.1.

而後冷戰時期，面對資訊科技的發展，新的戰略威脅與新的戰略弱點也同時浮現（如電腦網路威脅與弱點）。準此，將以網路空間為基礎的架構加上後冷時代戰略形式特點，就是戰略資訊戰。

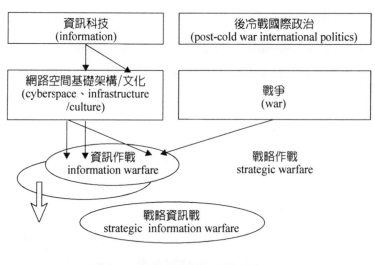

圖7-1 戰略資訊戰示意圖

資料來源：Roger C. Molander, Andrew Riddile, Peter A. Wilson eds., *Strategic Information Warfare : a new face of war* (RAND, 1996), p.2.

　　每一個國家，基本上，都擁有若干實質的資訊基礎資源，包括複雜的管理系統和網路設施，用以管制電力、資金流通、空中交通、油料以及資訊有關物品。就概念上來說，若潛在的敵人企圖運用資訊戰技術去破壞上述系統，資訊戰就必然是一種戰略資訊戰。換言之，講得通俗一點，戰略資訊戰就是透過破壞或操縱電腦網絡上的資訊流通的辦法，對敵人的電話網、油氣管道、電力網、交通管制系統、國家資金轉移系統、各種銀行轉移系統和衛生保健系統等實施破壞，以達到戰略目的。

　　總的來說，美國蘭德公司出版的戰略資訊戰一書告訴我們，隨著資訊科技的不斷發展，以資訊為核心的新型態戰爭已儼然成形，誰擁有資訊主導權與制資訊權，將是資訊時代的大贏家。總結來說，戰略資訊戰具有下列特點：

(一)低進入成本（low entry cost）

　　戰略資訊戰的一個最具本質性的特徵就是低進入成本。這亦即是說戰略資訊戰並不像傳統武器科技需要大量經費或由國家來主導。在資訊技術不斷更新發展的時代，能夠擁有專業資訊系統知識與處理重要網路連接的能力，才是戰略資訊戰的必要條件[9]。

(二)傳統邊界的模糊（blurred traditional boundaries）

　　由於有各式各樣的敵人、武器和策略，因此，實在很難

---

[9] Roger C. Colander, Andrew S. Riddle. eds., op. cit., pp.17-18.

分辨出外在或內在的資訊戰威脅和行為之來源。職是之故，在資訊社會中，公用和私用網路互聯，軍用和民用網路互聯，各國之間的網路都已聯為一體，各類網路用戶數量極大，你很難搞清楚攻擊是來自國內還是國外，也很難搞清楚某次攻擊究竟應算是犯罪活動，還是戰爭。準此，以傳統方式來區分（公家與私人利益、戰爭與犯罪的行為）以及地理分界線（如國與國之間的疆界），基本上，都會因為資訊網路的相互連結而錯綜複雜[10]。

(三)認知處理（perception management）之擴大

資訊技術的日新月異，可能會大為增強欺敵作為與資訊竄改作為之能力，從而促使政府對安全相關方案尋求政治支持之工作甚感困難。尤其在資訊戰領域上，存在著高度不明確和不確定性的情況下，政府為因應可能的資訊戰攻擊，所採取的任何管制行動，都已使政府認知處理角色擴大[11]。

(四)戰略情報（strategic intelligence）的挑戰

傳統式情報蒐集與分析方法，在因應戰略資訊戰情報挑戰上之用途可能極為有限。在資訊戰時代，你可能不知道你的敵人是誰、意圖是什麼、能力有多大。由於資訊戰的低進

[10] Ibid, pp.19-21.

[11] Ibid, pp.22-23.

入成本與邊界模糊不清，情報機關在提供當前和未來的威脅的及時和可信的情報方面將面臨極大困難。傳統的戰略情報蒐集是把注意力集中於若干特定的國家，但現在，種種非國家實體，如非政府組織、國際犯罪集團等，也有可能構成威脅，因此順應戰略資訊戰的發展，也應該將上述非國家實體列入戰略情報蒐集的對象之中[12]。

(五)戰術警報與攻擊評估（tactical warning and attack assessment）面臨挑戰

由於戰略資訊戰的防衛及進攻術極為精密與多樣化，因此，結果是你可能不知道你已經受到攻擊、誰在攻擊、怎樣攻擊。現在的通訊網絡、數據管理系統和系統控制都極為複雜，有些事故可能是由於操作、偶然故障或自己的系統設計錯誤引起的，因此，如何將這些與敵人的資訊戰破壞相區別是個極其困難的任務。另外，完全有可能系統是在長達數年的「戰場準備」過程中被滲透或損害的敵人可以在你的軟體或硬體中設置「邏輯炸彈」（logic bomb）[13]，平時完全正常，到關鍵時刻用一個特殊指令啟動，便會破壞你整個系統。職

---

[12] Ibid, pp.24-26.

[13]邏輯炸彈（logic bomb），基本上是一種程式，在植入一段時間後會毀掉一部電腦的程式與資料。

是之故，我們可以清楚知道，在目前仍無適切的戰術預警系統，可以分辨戰略資訊戰攻擊行爲和其他網路空間活動行爲，這頗值得我們警惕[14]。

(六)建立和持續聯合作業之困難（building and sustaining coalitions）

依靠聯合作業，可能會增大所有合作伙伴之安全體系，易於招致戰略資訊作戰攻擊，而給予敵人一種相當大的戰略優勢。例如，開發中國家依靠行動通訊網絡，很可能使那些國家的電話通信高度地易於招致損害。在資訊變革之初期階段，其他領域（例如能源、金融、交通）也可能是脆弱之處，敵人可能會採取攻擊行爲以破壞多國參與之聯合作業[15]。

(七)本土易招致攻擊（vulnerability of the homeland）

誠如前述，資訊技術已使地理空間概念趨於模糊，戰場也已無前、後方之分。電腦網路系統可連線到的地方，都是潛在的戰場。現行的發展趨勢已顯示出，在資訊時代的國家，將日益仰賴複雜的網路管制系統，而這些系統亦將成爲被攻擊的主要目標[16]。

---

[14] Ibid, pp.26-27.
[15] Ibid, pp.28-29.
[16] Ibid, pp.30-31.

　　總體而言，在上述對資訊戰這個總體概念的初步釐清之後，我們可以發現，資訊戰所涵蓋的範圍是相當廣泛的。誠如國防分析家李必克（Martin Libicki）所言，資訊戰此一名詞已經是「一種全包式的詮釋」[17]。這亦即是說，資訊戰不應只是將之定位在軍事層面，隨著資訊科技的發展，如果資訊戰要發揮概念上的作用，它就必須抓住以往一些名詞未涵蓋的層面。在理論上，資訊科技網路作業係立基於各作業點之間的相互連線，這些作業點可能是電腦位置、工作站或小型網路本身。因此，該網路強度主要係取決於其相互連線之程度，而不是取決於其個別作業點。就軍事方面來說，軍事網路本身（亦即相互連線之概念）顯然就是關鍵目標。準此，若我們進一步將概念性網路連線結構來區分資訊戰之意涵就可得出，資訊戰乃是專注於「軍事連線網路」和「社會連線網路」形式的戰爭。

　　人們所嚮往的電腦網路時代，是一個時間、距離幾乎為零的社會，而自從電報、電話發明後，人類在文字通信和語言通信兩方面就開始嚐到縮小資訊時間差和空間差的甜頭。但是，眼下必須正視的事實是，隨著計算機、衛星通訊、光

---

[17]Richard J. Harknett, *Information Warfare and Deference* (Parameters, US Army War College, 1996), pp.16-20.

纖通信以及資訊影響處理技術的迅猛發展，資訊的產生、交換、傳遞、控制和利用也都發生著深刻變化，資訊資源不但成為繼物質資源和人力資源之後的另一種戰略資源，而且具有取之不盡、用之不竭的特性。為此，繼美國率先推出「資訊高速公路」計畫之後，許多國家也相繼提出「資訊高速公路」設想，並把此舉作為廿一世紀經濟騰飛的希望所在。但資訊科技是廣泛滲透各種領域的總體綜合技術，既可民用，也可軍用，因此，當四通八達、縱橫交錯的網際網路的興起，使軍用與民用資訊系統聯為一體，軍用資源開始融入社會網路系統，同樣，民用資訊資源也不斷與軍用系統滲透、交叉，並與之重疊，共享資訊，形成軍民兼容的一體化網路系統，同「機」共濟時[18]，可以試想，若這些網絡遭到攻擊，其結果可想而知。上述軍民網絡聯為一體的特點已使現代戰爭與社會運行機制之間的關係更加緊密，戰爭的勝負影響社會的穩定性，社會的不穩定性也影響到戰爭的勝負。職是之故，在資訊時代來臨之際，所謂的資訊戰可能是由金融系統網絡混亂而引發，也可能是軍事、政治、經濟互為一體的連鎖反

---

[18] 這裏所說的一體化網絡系統是指例如士兵所領軍餉的銀行網絡系統，也可能是其他所有人薪金的銀行系統，而我們所用的電力、水力、通訊系統其實也都來自同一網絡，並無嚴格區分軍用或民用。

應，分不清是軍事較量或是政治論戰或是經濟紛爭了。

二、資訊戰的後設理論基礎

今天，人類社會正處在時代大變革時期。從世界範圍來看，雖然不少發展中國家還處於農業經濟，由農業社會向工業經濟、工業社會轉軌時期，但從世界經濟發展速度來看，以資訊和知識為基礎的知識經濟正在迅速發展，工業經濟向知識經濟的轉變已經成為不可逆轉的趨勢。人類社會型態正處在從工業社會向資訊社會的變革之中，資訊時代和資訊社會正迎面而來。一個創造知識財富的新型社會經濟型態和文明時代已經展現在我們面前。

科學技術的迅猛發展，社會時代的巨大變革，也正促使軍事領域發生一場全新的革命，眾多國家也都加入了新軍事變革的激烈角逐。誰在這場競爭中走在前面，誰就將贏得戰略主動。因此，在全新的資訊時代和資訊社會，我們所面臨的戰爭也將是全新的戰爭型態戰（資訊戰爭）。這種新的戰爭型態固然與舊的戰爭型態有千絲萬縷的聯繫，但新的戰爭型態更有其特殊的、反映新新時代的特徵，以下本節力圖在把握資訊戰爭所處的時代特徵的理論基礎上，進行分析。

(一)資訊戰爭的技術基礎──資訊技術及其變革

眾所皆知，當今時代的變革和社會的發展，是以科技技術革命爲核心的新技術革命直接作用的結果。資訊科學與資訊技術的迅速發展，不僅全面推動著政治、經濟、科技、文化等持續的快速發展，而且從根本上改變社會的生產方式和生活方式。與此同時，資訊科學技術也將從根本上改變傳統武器裝備的性質，改變傳統戰爭的作戰方式，繼而成爲資訊戰爭的形成和發展的關鍵技術基礎。

資訊作爲一種資源，它的普遍性、共享性、增值性、可處理性和多效用性，使其對於人類具有特別重要的意義，無論是認識世界還是改造世界，都始終依賴於資訊並貫穿著對資訊的認識和利用[19]。因此，簡單地說，所謂資訊技術，就是認識資訊、利用資訊、與資訊打交道的技術。它包括資訊的產生、獲取、變換、傳遞、存貯、處理、顯示、識別、提取、控制和使用的技術。作爲一種綜合性的科學技術體系，資訊技術涉及到許多學科和技術分支。其主要包括[20]：

資訊獲取技術：又稱資訊採集技術或傳感技術，包括各種資訊檢測、變換和顯示等技術。

資訊傳遞技術：又稱通信技術，包括資訊的處理、傳遞

---

[19] 李繼宗主編，《現代科學技術概論》，上海：復旦大學出版社，1994年，15~18 頁。

[20] 鍾義信著，《信息的科學》，北京：光明出版社，1998 年，60~63 頁。

和提取等技術。

資訊處理技術：主要是指計算機技術，包括資訊的存貯、分析和控制等技術。

隨著資訊的獲取技術、傳遞技術、處理技術不斷地發展。資訊技術是直接擴展人類資訊功能的技術。它是當代新技術革命的主導技術，代表了新技術革命的主流和方向。以資訊技術革命為核心的新技術革命改變了過去以物質和能量二者為中心的傳統自然科學觀念，讓位於以資訊、能量和物質三者為中心的現代科學觀念；傳統意義上的科學，讓位於智慧和力量相結合的科學。因此，資訊科學技術的興起，就從根本上改變了整個科學技術的結構、內容和方向，改變了科學技術發展的景觀和科學思維的方式。人類普遍認識到，除人們所熟悉的物理性空間外，還有資訊空間的存在。人類在認識上的突破和由此而來的以資訊技術革命為核心的新技術革命的發生，促進了時代的變革，改變了人類社會的生產和生活方式。在軍事領域則變革了武器、變革了戰爭。人們所競爭的物理性空間的戰爭，將演變為從物理空間到資訊空間的戰爭；演變為知識和力量相結合的戰爭；以物質和能量力量為基礎的機械化戰爭，將演變為以資訊為基礎的資訊戰爭[21]。

---

21 周碧松等著，《信息戰爭》，北京：解放軍出版社，1998 年，18~19

(二)資訊戰的社會基礎──社會資訊化

隨著資訊技術不斷的變革、發展，資訊技術在社會各個領域中已被廣泛應用，資訊社會也已儼然成形。基本上，資訊化相對於工業化而言，是一個技術與現代社會相互作用的結果。這亦即是說，資訊化已超越工業化，成為國民經濟和社會結構框架的重心。當然社會資訊化進程是一個不平衡的發展過程（因為每個國家發展程度不一）。但從世界發達國家資訊化進程來，資訊化有三個階段，即產業資訊化、經濟資訊化和社會資訊化，它們又相互作用和相互影響。不過這裏必須指出的是，資訊化的一個基本前提是社會對資訊、知識、科學技術的強烈需求。隨著社會資訊化的投入發展與資訊作為戰略資源的地位和作用愈來愈突出，這種需求意識就表現得更加強烈，資訊和知識日益成為生產力、競爭力和經濟發展的關鍵因素[22]。

隨著資訊化發展的延伸，建立一個能夠滿足社會日益增長的資訊需求，既能高速傳輸資訊又能對所傳輸的資訊進行加工處理的資訊網路，就成為社會發展的必然趨勢。社會的

頁。

[22] 熊光樹、鄔焜著，《信息與社會發展》，四川：西南財經大學出版社，

資訊網路化也就成為現代社會資訊化的一個突出標誌。資訊網路的建立和使用早在六〇年代就已經開始。歷經數十年發展，其數量、規模、功能、普及率和上網人數，都是其初建時所始料未及的[23]。目前，這種能極大地擴展人類生存與發展空間的資訊網路，正處於更迅猛的發展時期，即處於網際網路（iternet）向建設資訊高速公路發展時期。而世界上多數國家也都承認，儘管各國經濟基礎、科技水平和社會發展水平存在明顯差異，但在資訊技術已發展到電腦網路化的新時代，建設本國的資訊高速公路並將其聯結成全球資訊高速公路是歷史發展潮流之所向。面對網路全球化的發展趨勢，雖然各國在管理經濟和社會生活的過程中將遇到一系列新的難題，國際關係也將受到嚴峻的挑戰，但是網路全球化的發展，相信有利用於強國經濟、科技和教育合作，推動文化交流，為各國提高綜合國力提供難得的機遇，這是一個挑戰與機遇並存的發展和變革時代[24]。

　　總的來說，更重要的是關於知識和資訊網路為基礎的智

1998 年，169~173 頁。

[23]Neil Barrett, *The State of the Cybernation*, London: Kogan Page, 1996, pp.17-23.

[24]鞠慶麒，《世紀工程：信息高速公路》，北京：經濟科學出版社，1996 年，18~25 頁。

能工具以及與之相關的生產方式的出現。知識是財富，科學是第一生產力，國家間的競爭是科學技術的競爭，這些概念反映在未來戰爭問題上則是知識力量間的競爭和較量。資訊社會生產工具、產業結構、生產方式的特徵，雖然不能完全對應地反映在資訊戰爭中，但其主要特徵如生產工具的資訊智能特徵、生產方式綜合化、智能化、集約化、精細化特徵，產業和產品結構的知識特徵、生產和經營管理直接面向資訊的特徵，以及對資訊的快速、準確、全面、高效的追求，都將體現在未來的資訊戰爭中。

資訊社會是網路化社會。網際網路的共享性和開放性，奠定了其在資訊社會中的基礎地位和基本價值。不過，它也是一柄「雙刃劍」，若被惡意地利用，用來製造動亂，將也會動搖社會根基。因此，可以這麼說，資訊戰爭也就是建立在上述這樣一個社會基礎之上的新型戰爭。

(三)資訊戰爭的軍事基礎──軍事資訊化

在資訊技術革命的推動下，社會資訊化已成為當代社會發展中一股不可逆轉的潮流。在社會資訊化的同時，軍事資訊化也就成為軍事發展的必然。因為軍事領域是整個社會的一個重要組成部分，而軍事資訊化實際上就是在軍事領域廣泛地採用先進的資訊技術和裝備，有效地開發和利用與國家安全和國家利益相關的軍事資訊化的基礎，與社會資訊化的基礎一樣都是資訊技術，所不同的是軍事資訊化依賴於軍事資訊技術（即用於軍事目的的資訊技術）[25]。在軍事資訊化進程中，軍事資訊技術起著十分關鍵的基礎作用，並集中體現在軍事技術結構和功能的變革之中，尤其是表現在軍事資訊系統裝備結構和功能的變革之中。

自六〇年代以來，以資訊技術為核心的迅猛發展及其在軍事領域的廣泛應用，不僅為提高武器裝備性能開闢了嶄新的發展道路，更重要的是導致了軍事技術領域發生一場新的軍事技術革命，從而開創了武器裝備發展的一個嶄新時代。軍事資訊技術發展的一個直接結果，就是武器系統大量採用微電子技術及網路通訊技術為基礎的資訊技術，從而導致武器系的電子化、資訊化和網路化，大大地提高了武器裝備的戰鬥性能和現代化水平。此外，軍事資訊技術在推動武器裝備電子化、資訊化和網路化的同時，這導致一種新型武器系統——軍事資訊系統的出現，而且使其成為整個武器裝備體系的核心[26]。

---

[25]這裏所指軍事資訊技術，包括軍用微電子技術、軍用傳感器技術、軍用通訊技術和軍用電腦網路技術等領域。周碧松等著，《信息戰爭》，北京：解放軍出版社，1998 年，44~46 頁。

[26]王凱，《數字化部隊》，北京：解放軍出版社，1998 年，7~16 頁。

總體而言，軍事資訊系統是一個以軍事資訊技術為核心的武器裝備體系，包括六大組成部分：

1.可獨立運行的自動化指揮系統和電子—資訊對抗系統。
2.與平台一體化的資訊管制系統，如艦載、機載、車載、星載資訊系統。
3.與武器一體化的資訊與控制系統，如精確制導系統、武器火控系統等。
4.軍事人員使用的資訊與控制系統。
5.軍事教育訓練系統與控制系統。
6.其他軍事資訊系體系。

以上各種系統進一步構成了完整軍事資訊系體系。不僅如此，軍事資訊技術還導致了大量情報作戰、電子作戰、網際空間作戰武器的出現和使用，使資訊技術在整個武器裝體系中的比重進一步提高[27]。

總的來說，軍事資訊技術的發展，直接導致了以精確制導武器為代表的資訊化彈藥、以電腦為主的資訊化、以 C4I 系統為代表的軍事資訊與控制系統以及以電子戰武器為代表

---

[27]同註 21，48 頁。

的資訊（網路）作戰武器等一大批高科技武器裝備的產生[28]，大大地提高了整個武器裝備體系中資訊技術的含量和整體作戰效能，推動軍事資訊化的進程，使戰爭機器的運轉愈來愈依賴資訊和資訊資源。不過，若從另一個角度，從人類社會生產和生活方式的資訊化（即社會資訊化）到軍事資訊化，一個重要的共同特徵或共同基礎，就是現今資訊網路的普及。正是由於資訊網路特殊重要性，才使其成為資訊戰爭中交戰雙方爭奪的重心，但與此同時，也正是由於資訊網路的普及與易受攻擊的脆弱性，又將使其成為資訊戰爭中交戰雙方攻擊的首要重要重點[29]。

三、資訊戰之作戰形式變化及其影響

人類戰爭的實踐證明，軍事技術的每一次進步，戰爭的空間就或多或少地擴展一步。人類戰爭從叢林到平原，從平

---

[28]C4I 系統是指保證指揮官和指揮機關對部隊人員和武器實施指揮與控制的「人／機」系統。其主要是由 C3I—「指揮」（command）、「控制」（control）、「通信」（communications）、「情報」（Intelligence）系統延伸而來，相較 C3I 系統，C4I 系統更強調計算機（computers）作用以及突出計算機網絡（computer Net）的作用。其他詳見王凱，《數字化部隊》，北京：解放軍出版社，1998 年，23~26 頁。

[29]Gerard P. Brohm 著，蔣永芳譯，〈掌握資訊優勢的利器〉，《國防譯粹》，第 26 卷第 1 期，民國 88 年 1 月，5~9 頁。

原到海洋，從天空再到太空，幾千年來，凡是人類能夠到達
的空間，戰爭都會自覺或不自覺地延伸到那裏。而當人類進
入資訊時代後，資訊科技正以其滲透性、普及性和衝擊性，
進入社會政治、經濟和軍事領域之中，所引起的變革是前所
未見的。就軍事層面來說，資訊時代的戰爭不僅遍及陸、海、
空、天，而且還進入一個嶄新的領域——電網路空間[30]。

　　從第一節我們對資訊戰總體概念的分析中，我們可以進
一步區分資訊戰有廣義和狹義二種說法。廣義的資訊戰，指
的是資訊已佔有主導地位，運用資訊化裝備或由資訊化部隊
進行一切戰爭行動或非戰爭行動。它不僅包括軍事領域，還
包括政治、經濟、文化等領域，包括物質領域，還包括精神
領域。而狹義的資訊戰僅僅只包括軍事資訊系統的對抗[31]。
然而，事實上，若從未來資訊戰可能作用的實際範圍上考察，
資訊戰絕不會只限在軍事領域內較量，它滲透到社會生活的
方面，使戰爭的概念及範圍空前的擴大，因為：

　　第一，資訊科技的發展，軍民兼容日趨緊密，對民用資
訊的破壞也可以造成軍事資訊的破壞。資訊科技迅猛發展使

---

[30]滕建群，〈信息時代呼喚新的國防觀〉，《中國國防報》，1997 年 6 月
　 6 日，第 8 版。
[31]張韋杰、蘇劍飛，〈信息戰應確立幾個觀念〉，《現代軍事月刊》，1999
　 年 2 月，29 頁。

軍用、民用的界線日趨模糊，軍事資訊技術在為民用服務的過程中也不斷增強了對民用技術的依賴性，更多的新技術將從民間開發出來。這一方面提高資訊資源的利用效率，促進了經濟發展，另一方面也為敵方的攻擊行動提供了新的突破口[32]。

第二，資訊戰人員多樣化。在資訊時代，不僅軍人掌握著資訊技術，就連普通百姓也可以是資訊戰的參與者，他可以藉助網際網路（internet）上的無限通道，攻擊敵方的金融、電力、政府、交通等系統。另外，像企業、宗教團體、恐怖組織、販毒集團等由於擁有資訊技術和便利條件都能夠實施資訊攻擊[33]。

第三，攻擊目標多樣化。在資訊時代，軍事、政治、經濟、社會、文化等密相關連，任何一個領域遭受損害，都可使其他領域受到強烈的衝擊。因此，為達成戰爭目的「旁敲側擊」手段將經常出現，如運用金融資訊手段造成敵方股市狂跌、貨幣貶值、經濟崩潰，使之失去維持戰爭的基礎。再如，利用資訊傳播廣泛及傳播速度快的特點，組織一些誤導性資訊來影響敵國民心，從內部進行分化[34]。

---

[32]同註 31，29 頁。

[33]同註 31，30 頁。

[34]同註 31，30 頁。

第四，攻擊手段的多樣化。單就軍事領域的資訊戰就有指管戰、情報戰、電子戰、心理戰、駭客戰、經資戰及網路戰等[35]。如果再加上其他領域的攻擊方法，資訊戰的手段可謂五花八門，種類繁多[36]。

由上述可知，未來資訊戰不單單出現在戰場上，而將會遍佈整個社會。在資訊時代，先進的網路系統將軍隊乃至整個社會聯結在一起，軍隊社會各個部分的組合運轉，都要靠微電腦處理器；這使得軍事裝備和民用設施聯繫緊密，相互兼容。在這樣一個網路時代世界裏，每個微處理器都是一種潛在的武器，各台電腦都有可能成為一個有效的作戰單元。任何社會團體或個人，只要掌握電腦通訊技術，擁有一台電腦和上網的電話線，就可以攻擊裝有微處理器的系統和網路相聯的裝備，利用網路來發動資訊戰。

國家間的戰爭，攻擊的首要目標是聯結國家政治、經濟、軍事設施和整個社會的電腦網路系統，利用新奇的資訊科技，多渠道、多形式地對敵方軍事，金融、電信、行政、電

---

[35]根據美國國防大學的馬丁·李必克博士（Dr. Martin Libicki）的看法，資訊戰共有七種作戰形式。每一種作戰形式的目標、方法也都不一樣。其餘詳見國防部史政編譯局主編，《資訊作戰譯文彙輯》（台北：國防部史政編譯局，民國 86 年），255~256 頁。

[36]同註 31，30 頁。

力系統和電腦網絡,並且運用心理戰和戰略欺騙手段,動搖
軍心、民心和政府信念,達到遏制敵對國家發動戰爭或使其
失去戰爭能力。目前資訊戰正在向民間化發展,資訊戰既可
以是正規軍人,也可以是十幾歲的青少年。資訊戰的非殺傷
性武器裝備,主要是在民間開發和生產的,而不再為軍隊所
獨有;作戰不僅僅在傳統武力戰場,而且還分佈於整個社會[37]。

　　由於資訊戰所衍生而來作戰形式的變化,資訊戰的攻擊
形式也有所改變。這裏所說的資訊戰攻擊形式的變化,泛指
綜合運用電子、網路、心理、火力等多種手段,針對敵方資
訊系統的要害和薄弱環節,靈活採取相應戰法,積極干擾或
破壞資訊獲取、傳遞、處理和利用,最大限度地削弱敵方資
訊優勢和指揮控制能力。它是軟殺和硬殺、物理攻擊與心理
攻擊等多種手段的綜合運用[38]。換言之,隨著資訊戰理論的
發展和資訊化武器裝備的大量使用,將使傳統的以機械化大
兵團攻防作戰為主的樣式成為歷史;靈活多變的、以「軟殺」
傷為主的資訊戰和機械化與資訊化相結合的「軟硬兼施」的

[37] 沈偉光,〈遏制信息戰——知識軍事的時代使命〉,《解放軍報》,1999
　　年 2 月 2 日,第 6 版。
[38] 孫強銀,〈信息攻擊手段面面觀〉,《現代軍事月刊》,2000 年 3 月,
　　30 頁。

作戰樣式將得到廣泛運用[39]。

　　伴隨著網際網路發展的全球化趨勢，以計算機技術為核心的資訊科技的迅猛發展，網際網路已開始向地球的各個角落輻射，其觸角也伸向了社會的各個領域。根據有關資訊介紹，當今網際網路的發展已廣泛運用於醫療、交通、金融、貿易、軍事等各個領域，上網人口仍在以每月遞增 10%～15% 的速度擴大，預計 2005 年全球上網人口將達到十億人。顯而易見，網際網路的興起已成為全球注視的焦點，而世界各國正在加緊建設的國家、地區乃至全球資訊基礎設施，最終將建成使各國乃至個人都能互聯互通的全球資訊網路，完全超越過去傳統地理空間概念，形成一種新的「網路空間」[40]。

　　在社會經濟領域普遍資訊化和網路化的同時，以計算機為核心的資訊科技也被大量採用，各種資訊系統聯上網路，形成龐大的資訊網路系統。因此，一旦資訊網絡遭到攻擊甚至被摧毀，其影響範圍絕不單單只限於某一個領域，而是全

---

[39] 張鋒，《潮頭：全維信息化戰爭》，北京：中國青年出版社，1995 年，251 頁。或見林中斌，《核霸》，台北：學生書局，民國 87 年，7~8 頁。根據林中斌的說法，軟殺傷的武器有四大類，即電子干擾武器、電腦病毒、定向能武器或光束武器（directed energy weapons）及電磁脈衝炸彈（electromagnetic pulse bombs）。

[40] 魏特罕（Margaret Wertheim），《空間地圖：從但丁的空間到網路的

面性的。準此，資訊網絡的極端重要性，決定了資訊網絡成為資訊戰的重點攻擊對象，而資訊網絡上的無限通道也顯示其自身的脆弱性，並也決定了資訊網絡必將成為資訊戰中最容易受到打擊的對象[41]。職是之故，一種全新的以計算機系統（電腦系統）和網路為主要對象的資訊網絡攻擊，已隨之出現並不斷發展。目前，這種對資訊網絡的攻擊已不再僅僅侷限於火力摧毀和電子干擾等傳統手段，而將逐步演變成資訊戰中一種全新的作戰樣式——網路空間作戰。

　　一般來說，網路空間作戰是以計算機（電腦）和計算機（電腦）網路作為主要目標，以先進資訊科技為基本手段，在整個網路空間上所進行的各類資訊攻防作戰的總稱。網路空間作戰在近年來已初步顯露，進入九○年代以後，隨著網際網路應用的日益普及，一些意外事件和愈來愈多的針對計算機（電腦）網絡的犯罪活動不斷出現。這種意外事件和犯罪活動所造成的嚴重危害已經使人們看到，即使無意中對公共計算機網絡的破壞，也可以輕易地使一個計算機（電腦）網絡發展較普及的國家難以招架，產生非常嚴重的後果[42]。

空間》，台北：台灣商務印書館，1999 年，177~181 頁。

[41]孫偉平、陳先彬，〈計算機戰〉，《現代軍事月刊》，1997 年 7 月，26~29 頁。

[42]同註 41，27 頁。

例如，在 1991 年，美國一位農民在掩埋死牛時，意外挖斷一條光纜，結果導致美國聯邦航空管理局所屬三十個主要空中交控制中心有四個關閉達五個多小時。1994 年，美國最大電信公司美國電話電報公司地區交換中心系統的一個軟體出現一個小小的故障，結果導致其長途電話網絡中斷九小時。同時，軍事資訊網絡也未能逃脫這類無意或有意的攻擊。波灣戰爭期間，美國國防部計算機網絡曾遭到破壞，一百多名專家經過四十八小時努力才使它恢復正常。1990 年代末期，美國軍方的報告亦指出，敵人不用直接進入美國，就能對美國計算機網絡系統進行攻擊，據美國會總審計署披露，每年企圖滲透到美國軍用計算機網絡的行為達二十五萬起，而且 65％獲得了成功。這些事件也許是無意造成的，但從中足以看出蓄意破壞將會引起嚴重後果。據倫敦資訊安全會議公佈，預計 2000 年，全球計算機網絡犯罪損失將達到二千億美元。美國矽谷一名技術權威還指出，網路空間作戰足以使一個國家經濟陷入停頓，其作用不亞於核爆炸後產生的強大電磁脈衝[43]。

正因為網路空間作戰將產生如此巨大效力，以美國為首的發達國家紛紛採取各種有效措施，為未來實施網路空間作

---

[43]同註 21，150 頁。

戰作準備,希望未來能利用電腦鍵盤與滑鼠在網路空間與敵
人展開全面的資訊對抗,以資訊科技手段操縱敵人的媒體;
透過網際網路進攻破壞敵人的金融和交通等經濟系統等等。

　　總的來說,網路空間作戰是在特定的時代背景和技術條
件下出現的一種全新作戰樣式。與它作戰樣式相比,它具有
以下特點:

　　第一,是作戰力量的廣泛性。由於只要掌握了資訊系統
的專門知識並能有效地「闖入」重要的計算機(電腦)網絡,
就可以實施網路空間作戰。因此,網路空間作戰將不再是軍
人獨佔的舞台,而是國家甚至非政府組織乃至個人都能實施
的普遍行動。在網路空間作戰中,資訊科技的軍民運用性和
計算機(電腦)網絡的互聯性,使得作戰力量非常廣泛化,
不管是國家、地區、組織、集團還是個人,不管是軍人還是
平民,只要具備一定的計算機知識,掌握一定的網路攻擊手
段,都有可能介入其中[44]。

　　第二,是作戰手段的知識性。與傳統作戰不同,網路空
間作戰人員並不是操縱槍、砲、飛機、艦船等傳統武器裝備,
而是透過操縱電腦鍵盤和滑鼠,利用其豐富的計算機技術知

[44]李宗健,〈網絡戰特點及手段〉,《解放軍報》,1997 年 7 月 22 日,
　　第 5 版。

識，尤其是入侵計算機網絡和傳播計算機病毒等方面的技能
來實施作戰[45]。

第三，是作戰空間的廣闊性。網路空間作戰是在資訊網
絡空間中實施的作戰。這種資訊網絡空間與有形的物理空間
不同，它不受地域的任何制約，只要網路能夠到達的地方，
都是網路空間作戰可及的範圍。換言之，國家之間的地理分
界線在這裏將失去作用，因爲很難確定網路攻擊是來自國內
還是國外，甚至根本就不知道誰在實施襲擊，有時還很難分
清從犯罪到戰爭這些不同層次的反國家行爲[46]。

第四，是作戰時間的連續性。網路空間作戰幾乎不受任
何外界自然條件的干擾，沒有天候因素的制約，沒有地理環
境的影響，沒有白天和黑夜的區別，其作戰時間具有連續性，
而且網路空間的作戰的起始時間一般很難判斷，它並不以是
否「交火」作爲作戰開始的區分標誌，加上一般性網路犯罪
和發動網路空間作戰之間也沒有明顯的界限[47]。因此，網路

---

[45] 張鋒，《潮頭：全維信息化戰爭》，北京：中國青年出版社，1995 年，
    205~206 頁。

[46] 同註 45，203~204 頁。

[47] 沈偉光，〈「信息邊界」一個必須關注的戰略話題〉，中國國防報，1997
    年 4 月 15 日，第 6 版。

空間作戰的出現將真正淡化戰前、戰時、戰後等時間觀念[48]。

第五，是作戰過程的突變化。網路空間作戰不同於傳統作戰，它並不完全是雙方物質、力量、智力的綜合競賽，而是一定意義上的知識力競賽。其攻擊效果不受時間和距離的影響，而且有光速傳輸、瞬時到達的特性。當一方成功地對另一方網絡系統實施攻擊後，就會對其社會、政治、經濟、科技、文化、軍事系統造成極大的破壞，使整個作戰態勢發生急切的變化，但整個網路空間作戰過程卻往往會在很短的時間內完成，也許是幾十分鐘、幾分鐘甚至幾秒鐘[49]。

從上述的網路空間作戰特點的論述中，我們可以進一步得到一些啓示，由於計算機網絡（電腦）系統的脆弱性，加上網絡攻擊的高度隱蔽性，使進攻者在網路空間作戰中擁有一種絕對的優勢地位，任何系統都可能受到攻擊。網路空間作戰的低投入和高效益的特點，使得開發資訊網路攻擊技術，不像研制和生產硬殺傷武器那樣需要巨大的人力、物力和財力支持，只要具備資訊系統的專業技能和少量資金就能進行。因此，網路空間攻擊能取得常規軍事行動無法達到的

---

[48] 徐華保，〈世紀之交的戰場走向〉，《中國國防報》，1997 年 9 月 5 日，第 6 版。

[49] 王健華，〈簡析網絡戰〉，《中國國防報》，1998 年 11 月 27 日，第 3 版。

效果，能成爲小國或弱國對付大國或強國的一種有效的手段，但同樣也是強國追求「不戰而屈人之兵」的強有力手段。

參考書目

主要參考書目

中文部分

報紙

王建華,〈簡析網絡戰〉,《中國國防報》,1998 年 11 月 27 日,第 3 版。

沈偉光,〈遏制信息戰──知識軍事的時代使命〉,《解放軍報》,1999 年 2 月 2 日,第 6 版。

沈偉光,〈「信息邊界」一個必須關注的戰略話題〉,《中國國防報》,1997 年 4 月 15 日,第 6 版。

李宗健,〈網絡戰特點及手段〉,《解放軍報》,1997 年 7 月 22 日,第 5 版。

徐華保,〈世紀之交的戰場走向〉,《中國國防報》,1997 年 9 月 5 日,第 6 版。

滕建群,〈信息時代呼喚新的國防觀〉,《中國國防報》,1997 年 6 月 6 日,第 8 版。

期刊論文

張韋杰、蘇劍飛,〈信息戰應確立幾個觀念〉,《現代軍事月刊》,1999 年 2 月,29 頁。

孫強銀,〈信息攻擊手段面面觀〉,《現代軍事月刊》,2000年3月,30頁。

孫偉平、陳先彬,〈計算機戰〉,《現代軍事月刊》,1997年7月,26~29頁。

Gerard P. Brohm 著,蔣永芳譯,〈掌握資訊優勢的利器〉,《國防譯粹》,第26卷第1期,1999年1月,5~9頁。

一般專書

王岳川、尚水編,《後現代主義文化與美學》,北京:北京大學出版社,1992年。

王凱,《數字化部隊》,北京:解放軍出版社,1998年。

巴雷特著,李新玲譯,《賽伯族狀態》,河北:河北大學出版社,1998年。

李繼宗主編,《現代科學技術概論》,上海:復旦大學出版社,1994年。

林中斌,《核霸》,台北:學生書局,1998年。

周碧松等著,《信息戰爭》,北京:解放軍出版社,1998年。

陳學明,《西方馬克思主義論》,遼寧:遼寧教育出版社,1991年。

國防部史政編譯局主編,《資訊作戰譯文彙編》,台北:國防部史政編譯局,1997年。

張鋒，《潮頭：全維信息化戰爭》，北京：中國青年出版社，1995 年。

熊光樹、鄔焜著，《信息與社會發展》，四川：西南財經大學出版社，1998 年。

鍾義信，《信息的科學》，北京：光明出版社，1998 年。

鞠慶麒，《世紀工程：信息高速公路》，北京：經濟科學出版社，1996 年。

魏特罕(Margaret Wertheim)，《空間地圖：從但丁的空間到網路的空間》，台北：台灣商務印書館，1999。

John Brockman 著，汪仲、邱家成、韓世芳譯，《未來英雄》，台北：大塊文化，1997 年。

英文部分

期刊論文

Fortner, Robert S., "Excommunication in the Information Society", *Critical Studies in Mass Communication*, 12 (1995), June, pp.133-144.

Huntington, Samuel P., "The Clash of Civilization", *Foreign Affair* (Summer): 22-49,1993.

Little, Daniel , "Rational-Choice Models and Asian Studies", *The Journal of Asian Studies 50*, no.1 (February 1991), pp.36-40.

Magi, Daniel E., "Information Age of Information Warfare", available at massaged@com.hg.af.mil.

See Joint Pub 3-13, "Information Operations", *Dodd US*, December 1998.

一般專書

Anderson, B., *Imagined Communities*, second edition, London: Verso, 1991.

Barrett, Neil, *The State of the Cybernation*, London: Kogan Page, 1996.

Burrel, Gibson & Morgan, Gareth, *Sociological Paradigms & Organizational Analysis*, Heinemann, 1982.

Duara, Prasenjit, *Rescuing History from the Nation*, The University of Chicago Press, 1995.

Harknett, Richard J., *Information Warfare and Deference*, Parameters, US Army War College, 1996.

Jordan, Tim, *Cyberpower*, Routledge, 1999.

Lyon, David, *The Information Society: Issues & Illusions*, Polity Press, 1998.

Slack, Jennifer Daryl & Fejes, Fred, eds., *The Ideology of the Information Age*, Florida Atlantic University, 1987.

Shields, Rob, ed., *Cultures of Internet*, Sage Publications, 1996.

Splichal, Slarko, Calabress, Andrew & Sparks, Colin, eds., *Information Society & Civil Society*, Purdue University Press,

1994.

Taylor, Frederick W., *Shop Management*, New York: Harper, 1947.

Toffler, A., *War and Anti-war: Survival at the Dawn of the 21ˢᵗ century*, Boston: Little, Brown, 1993.

Toffler, A., *Power shifts Knowledge, Wealth and Violence at 21ˢᵗ Century*, Published by Bantam Books, 1990.

Toffler, A., *The Third Wave*, New York: Collins, 1980.

其他參考書目

中文部分

王志仁,〈電子資料交換(EDI)「串通」企業交流動脈〉,《天下雜誌》,第 172 期,1995 年 9 月 1 日,178~184 頁。

王志仁,〈未來集團架構未來組織〉,《天下雜誌》,第 183 期,1996 年 8 月,34~38 頁。

王惠民,〈台積電投資美晶圓科技將量產〉,《聯合報》,第 24 版,1998 年 5 月 20 日。

王俊超,〈資訊業以小搏大成功出線〉,《日本文摘》,第 7 卷第 12 期,1993 年 1 月 1 日,25~28 頁。

行政院主計處,〈台灣地區電腦應用概況〉,1996 年 12 月 ,gopher://RS570.dgbasey.gov.tw:70/00/department/sociall/econ

-ana/new8550.1。

江衍勳,〈從 85 年度 Internet 使用者調查結果看我國 Internet
應用現況〉,http://www.psd.iii.org.tw/inews/user85.htm。

列菲弗爾 (Henri Lefebvre) 原著,黃丘隆譯,《從黑格爾到
毛澤東──國家理論》,台北市:結構群,1989 年 6 月。

李宗祐,〈網友口水戰非常麻辣〉,《中時晚報》,1998 年 12
月 1 日,網路版。

李淑芬,〈行政院三年內將投入 32 億元從事下一代網際網路
技術的研發工作〉,《工商時報》,1997 年 12 月 24 日,網
路版。

林玲妃,〈英業達展開全球佈點〉,《中國時報》,1998 年 10
月 10 日,網路版。

林玲妃,〈大眾電腦轉型目標,台灣研發大陸製造生產〉,《中
國時報》,1999 年 3 月 8 日,網路版。

林益發,〈徐重仁卡式管理 7-ELEVEN──便利商店第一巨人快
速複製成功經營〉,《商業周刊》,570 期,1998 年 10 月 22 日,
http://magazines.sinanet.com/businessweekly/570/1.html。

林素儀,〈網路廣告之現況暨未來〉,
http://www.psd.iii.org.tw/inews/focus/advertise/,1998 年。

林滿紅,〈台灣資本與兩岸經貿關係〉,收入宋光宇編,《台
灣經驗 (一) ──歷史經濟篇》,台北市:東大圖書公司,

1993 年初版，67~139 頁。

林鴻儒，〈外資廠商在我國電子工業發展歷程中之角色探
討〉，《新電子》，1993 年 4 月，第 85 期，167~177 頁。

周冠中，〈圍內網路購物公司之經營現況〉
http://www.psd.iii.org.tw/inews/shopping/INFOLIN.htm。

施惇怡，〈萬王之王敲開台灣網路遊戲新世代〉，《數位時代》，
創刊二號，1999 年 8 月 1 日，162~163 頁。

施振榮，《再造宏碁》，台北市：天下文化，1998 年 1 月 30
日，第一版第 18 次印行。

柯志明，〈殖民經濟發展與階級支配結構〉，收入宋光宇編，
《台灣經驗（一）—歷史經濟篇》，台北市：東大圖書公
司，1993 年初版，167~233 頁。

洪懿妍，〈網路商機一尾魚：看得到更要抓得到〉，《天下雜
誌》，204 期，1998 年 5 月 1 日，112~119 頁。

馬立秦，〈介紹一個別開生面的社會學理論——平民方法
學〉，《中國論壇》，第 17 卷第 8 期，1984 年 1 月 25 日， 69~72
頁。

馬立秦，〈舒茲與現象社會學〉，《中國論壇》，第 24 卷第 11
期，1987 年 9 月 10 日，48~56 頁。

袁澤峻，〈我國軟體工業發展報告〉，
http://www.tptaiwan.org.tw/mars/mkrpt/870115.hum。

陳俊仲,〈台灣資訊業雲淡風輕挑戰資訊風暴〉,《天下雜誌》,
　第 162 期,1994 年 11 月 1 日,90~96 頁。

陳俊仲,〈一「網」打盡創業商機〉,《天下雜誌》,第 172 期,
　1996 年 9 月 1 日,172~176 頁。

陳佩雯,〈Hinet、SEEDNet 今年用戶破百萬,年輕學子是未
　來主要訴求對象〉,《電腦家庭》,網路版,1999 年 3 月 2
　日。

黃欽勇等,《跨世紀資訊商戰》,台北市:天下文化,1997
　年 1 月 30 日。

黃淑卿 1995a,〈台灣資訊工業之現況與展望〉(上) ,《產業
　經濟》,第 165 期,1995 年 5 月,8~41 頁。

黃淑卿 1995b,〈台灣資訊工業之現況與展望〉(下) ,《產業
　經濟》,第 167 期,1995 年 7 月 ,1~50 頁。

黃雲暉,〈企業間電子商務之發展趨勢分析〉,《軟體產業通訊》,
　第 21 期,http://it.moeaidb.gov.tw/sinet/pub21/21-8.html。

連雅堂,《台灣通史》(上下冊) ,台北市:國立編譯館中華
　叢書編審委員會,1985 年 1 月。

彭玫瑜,〈1997 ISP 總回顧〉,《電腦家庭》,網路版,1998 年 1 月 13
　日,http://www.pchome.com.tw/news/870113/0113-1.html。

彭慧明,〈聊天室文化,船過水無痕〉,《聯合報資訊專刊》,
　1997 年 4 月 30 日,

http://udn.com.tw:/service/pcnews/infoweekly/970430/97043
043.htm。

張茂桂、蕭蘋,〈「族群」議題的詮釋—— 兼論報紙與「公
共領域」問題〉,《台大新聞論壇》,第一期,98~122 頁。

張學能,〈圍內的半導體設備一直是美、日廠商的天下〉,《財
訊快報》,

http://www.sinet.com/wealth/daily/output/980603/html/9806
03-04_2.html。

楊艾俐,〈張忠謀的策略傳奇 (下) 〉,《天下雜誌》,第 191
期,118~144 頁。

資訊工業策進會市場情報中心,〈NII 一百問〉,1997 年,

http://mic.iii.org.tw/nii/nii22.html、

http://mic.iii.org.tw/nii/nii23.html、

http://mic.iii.org.tw/nii/nii25.html。

資訊工業策進會推廣服務處,〈我國 Internet 使用者應用趨
勢調查〉,1996 年 8 月,

http://www.psd.iii.org.tw/inews/isurvey.html3。

資訊工業集進會推廣服務處,〈台灣地區 Internet 使用者成
長統計〉,1996 年 10 月,

http://www.psd.iii.org.tw/inews/usrall.htm。

資訊工業策進會推廣服務處,〈Internet 新事業的新應用成功

範例 4 之 5〉，1997 年，

http://www.psd.iii.org.tw/inews/focus/bussness/c4.htm。

詹淑玲，〈昆盈致力電腦週邊事業跨足其他高科技產品〉，《電
子時報》，網路版，1998 年 5 月 8 日。

經濟建設委員會，《跨世紀國家建設計畫》，台北市：行政院
經濟建設委員會，1997 年 1 月。

網際網路中心，〈網路大調查社會中堅擁抱網路〉，《天下雜
誌》，1998 年 12 月 1 日，212~218 頁。

歐錫昌，〈三小時管理搶攻千億市場，苗豐強掀起通路戰〉，
《天下雜誌》，191 期，1997 年 4 月 1 日，68~78 頁。

緒方知行著，朱炳樹譯，《7-Eleven 物語》，台北：時報文化，
1996 年 4 月，初版六刷。

鄧雁芬，〈網站遊戲經濟又便利〉，《錢雜誌》，第 154 期，1999
年 8 月 1 日，164~169 頁。

盧志遠，〈台灣 IC 產業來時路一半導體產業研究計畫之落實〉，
《新電子科技雜誌》，139 期，1997 年 10 月，198~208 頁。

劉意君，〈產官學研於國家資訊基礎建設中所應扮演之角色〉，
《經濟情勢暨評論》，第 1 卷第 4 期，1996 年 2 月，網路版，
http://www.moea.gov.tw/~ecobook/season/sa318.htm。

簡旭仲、洪瑞國，〈90 年代台灣經濟特區之轉變以 1995 年
加工出口區為例〉，《經濟情勢暨評論》，第 3 卷第 4 期，

1998 年 2 月，152~177 頁。

羅弘旭，〈昆盈逆勢操作進攻東南亞〉，《工商時報》，網路版，
1998 年 2 月 18 日。

羅達生，〈資訊硬體工業〉，《民國 85 年工業發展年鑑》，台
北市：工業局，民國 85 年，309~319 頁。

藍麗娟，(資策會事業群民營化一數位聯合接棒起跑〉，《天
下雜誌》，第 210 期，1998 年 11 月 1 日，144~150 頁。

蘇芸，〈經濟部推動企業及家庭上網路—百萬店家上網總動
員 7 月開跑〉，《電腦家庭》，
http://www2.pchome.com.tw/news/0620/0620-6.html，1997
年 6 月 20 日。

英文部分

Anon. (1997) "Microfile", *Guardian Online Supplement* 18
September: 13.

Aronowitz, S., Martinsons, B. and Menser, M. (eds) (1996)
Technoscience and Cyberculture, London: Routledge.

Audit Commission (1990) "Survey of Computer Fraud and
Abuse", Audit Commission.

Bagguely, P. (1995) "Protest, Poverty and Power: a case study
of the anti-poll tax movement", *Sociological Review* 43 (4):
693-719.

Baker, S. (1994) "Don't Worry Be Happy: why clipper is good for you", *Wired USA* 2.06:100, 132-3.

Balsamo, A. (1993) "Feminism for the Incurably Informed", in Dery, M. (ed.) *Flame Wars: the discourse of cyberculture*, Durham, NC: Duke University Press, pp.681-712.

Barbrook, R. and Cameron, A. (1997) "The Californian Ideology", Science as Culture 26: 44-72. .

Batlow, j. P. (1990) "Crime and Puzzlement", *Whole Earth Review* 44-57, available at

http:/ /www.eff.org/pub/Publications/.

Batlow, j. P. (1994a) "John Perry Barlow Interview", available at http://www.eff.org/-batlow/library.html.

Barlow, j. P. (1994b) "Stopping the Information Railroad", paper given at the USENIX Conference, San Francisco, California, January 17.

Barlow, j. P. (1996a) "Interview with Tim Jordan", unpublished.

Barlow, j. P. (1996b) "Selling Wine without Bortles: the economy of mind on the global net", in Leeson, L. (ed.) (1996) *Clicking In: hot links to a digital culture*, Seattle: Bar Press, pp.148-72, also available at

http://www.eff.org/-barlow/library.html.

Barlow, j. P. (1996c) "A Declaration of the Independence of Cyberspace", available at http://www.eff.org/~batlow/library.html.

Barlow, j. P. (1998) "Africa Rising: everything you know about Africa is wrong", *Wired USA* 6.01: 143-58.

Barme, G. and Ye, S. (1997) "The Great Firewall of China", *Wired USA* 5.06: 138-51, 182.

Barnes, B. (1988) *The Nature of Power*, Cambridge: Polity.

Barnes, B. (1995) *The Element S of Social Theory*, London: UCL Press.

Barrett, j. (1996) "Killing Time: the new frontiers of cyberspace capitalism", in Strate, L., Jacobson, R. and Gibson, S. (eds) Communication and Cyberspace: *social interaction in an electronic environment*, Creskill, NJ: Hampton Press, pp.155-65.

Barth, R. and Smith, C. (1997) "International Regulation of Encryption: technology will drive policy", in Kahin, B. and Neeson, C. (eds) *Borders in Cyberspace: information policy and the Global Information Infrastructure*, Cambridge, MA: MIT Press, pp.283-99.

Baym, N. (1995) "The Emergence of Community in Computer-Mediated communication", in Jones, S. (ed.) *Cybersociety: computer-mediaced communication and community*, London: Sage.

Bear, G. (1985) "Petra", in Sterling, B. (ed.) *Mirrorshades: the cyberpunk anthology*, New York: Arbor House, pp. 105-24.

Bell, D. (1973) *The Coming of Post-Industtrial Society: a venture in social forecasting*, Harmondsworth: Penguin.

Bellos, A. (1997) "Error Unravels World Wide Web", *Guardian* 19 July: 5.

Bender, G. and Druckrey, T. (eds) (1994) *Culture on the Brink: ideologies of technology*, Seattle: Bay Press.

Benedikt, M. (1991a) "Introduction", in Benedikt, M. (ed.) *Cyberspace: the first steps*, Cambridge, MA: MIT Press, pp. 1-25.

Benedikt, M. (1991b) "Cyberspace: some proposals", in Benedikt, M. (ed.) *Cyberspace: the first steps*, Cambridge, MA: MIT Press, pp.119-224.

Benedikt, M. (ed.) (1991c) *Cyberspace: the first steps*, Cambridge, MA: MIT Press.

Berger, M. and Borer, D. (1997a) "Introduction: The Rise of East Asia: critical visions of the Pacific Century", in Berger, M. and Borer, D. (eds) *The Rise of East Asia: critical visions of the pacific century*, London: Routledge, pp.1-36.

Berger, M. and Borer, D. (eds) (1997b) *The Rise of East Asia: critical visions of the pacific century*, London: Routledge.

Berners-Lee, T. (1996) "The World Wide Web: past, present and future", available at htrp://www.w3.org/people/berners_lee/1996.

Berners-Lee, T. and Cailliau, R. (1989) "World Wide Web: proposals for a hypertext project", available at http://www.w3.org/pub/WWW.

Borsook, P. (1996) "The Memoirs of a Token: an aging Berkeley feminist examines *Wired*", in Cherny, L. and Weise, E. (eds) Wired_Women: *gender and new realities in cyberspace*, Seattle: Seal Press, pp.56-72.

Bourbonnais, J. and Yergau, F. (1996) "Languages on the Internet", paper given at INET 96, available at http://www.isoc.org/conferences/inet96.

Boutin, P. (1998) "Pushover? " *Wired USA* 6.03: 86.

Bowers, S. (1997) "Clock Idea is a Chip of the Old Block", Guardian 6 August: 4.

Branscomb, A. (1993) "Jurisdictional Quandries for Global Networks", in Harasim, L. (ed.) *Global Networks: computers and international communication*, Cambridge, MA: MIT Press, pp.83-104.

Branwyn, G. (1993) "Compu-sex: erotica for cybernauts", in Dery, M. (ed.) Flame Wars: the discourse of cyberculture, Durham, NC: Duke University Press, pp.779-91.

Brenner, A. and Metson, B. (1994) "Paul and Karla Hit the Net", *Wired USA* 2.04: 28-9.

Brockman, J. (1996) *Digerati: encounters with the Cyber elite*,

San Francisco: Hardwired.

Brook, J. and Boal, I. (eds) (1995) *Resisting the Virtual Life: the culture and politics of information*, San Francisco: City Lights Books.

Brown, D. (1994) *The American West*, New York: Simon & Schuster.

Brown, D. (1997) *Cybertrends: chaos, power and accountability in the information age*, London: Viking.

Bukatman, S. (1993a) *Terminal Identity: the virtual subject in post-modem science fiction*, Durham, NC: Duke University Press.

Bukatman, S. (1993b) "Gibson's Typewriter", in Dery, M. (ed.) *Flamewars: the discourse of cyberculture*, Durham, NC: Duke University Press, pp.627-46.

Burkhalter, B. (1998) "Reading Race Online: discovering racial identity in Usenet discussions", in Kollock, P. and Smith, M. (eds) *Communities in Cyberspace*, London: Routledge.

Burrows, R. (1997) "Virtual Culture, Urban Social Polarisation and Social Science Fiction", in, Loader, D. (ed.) *The Governance of Cyberspace: politics, technology and global restructuring*, London: Routledge, pp.38-45.

Burrows, R. and Featherstone, M. (eds) (1995) *Cyberspace, Cyberbodies, Cyberpunk: cultures of technological embodiment*, London: Sage.

Bush, V. (1945) "As We May Think", *The Atlantic Monthly* 196(1): 101-8, also available at http://www.isg.sfu.ca/~duchier/misc/vbush/.

Campbell, D. (1997a) "Screw the Internet", *Guardian OnLine Supplement* 18 September: 1-3.

Campbell, D. (1997b) "Europe Spikes Spook's E-mail Eavesdrop Bid", *Guardian OnLine Supplement* 16 October: 3.

Casey, C. (1996) *The Hill on the Net: Congress enters the Information Age*, Boston: Academic Press.

Castells, M. (1989) *The Informational City: information technology, economic restructuring and the urban-regional process*, Oxford: Blackwell.

Castells, M. (1996) *The Rise of the Network Society: the information age*, vol. 1, Oxford: Blackwell.

Castells, M. (1997) The Power of Identity: the information age, vol. 2, Oxford: Blackwell.

Castells, M. and Hall, P. (1994) *Technopoles of the World: the making of 21st Century Industrial Complexes*, London: Routledge.

Chapman, M. (1993) "Taming the Computer", in Dery, M. (ed.) *Flame Wars: the discourse of cyberculture*, Durham, NC: Duke University Press, pp.827-49.

Chelmick, S. (1997) "The Old Boy Network? A study in the prevalence of sexual harassment and gender discrimination in cyberspace", BA Honours Dissertation, Social Science, University of East London.

Cherny, L. and Weise, E. (eds) (1996) *Wired_Women: gender and new realities in cyberspace*, Seattle: Seal Press.

Clark, N. (1995) "Rear-view Mirrorshades: the recursive generation of the cyberbody", in Featherstone, M. and Burrows, R. (eds) *Cyberspace, Cyberbodies, Cyberpunks: cultures of technological embodiment*, London: Sage, pp.113-33.

Clark, R. (1994) "The Digital Persona and Its Application to Data Surveillance", *The Information Society* 10 (2): 77-92.

Clegg, S. (1989} *Frameworks of Power* , London: Sage.

Clough, B. and Mungo, P. (1992) *Approaching Zero: data crime and the computer underworld*, London: Faber & Faber.

Conley, V. (ed.) (1993) *Rethinking Technologies*, London: University of Minnesota Press.

Coupland, D. (1995) Microserfs, London: Harper Collins.

Cronon, W., Miles, G. and Gitlin, J. (eds) (1992) *Under an Open Sky: rethinking America's Western Past*, London: W.W. Norton.

Curtis, P. (1992) "Mudding: social phenomena in text-based

virtual realities", *Intertek* 3.3: 26-34.

Davies, S. (1995) "Welcome Home Big Brother", *Wired UK* 1.02: 58-63,110.

Davies, S. (1996) *Big Brother: Britain's web of surveillance and the new technological order*, London: Macmillan.

Davies, S. (1997) "Big Brother Plc", *Wired UK* 2.10: 59-62, 87-90.

Davis, M. (1992) *Beyond Blade Runner: Urban Control, The Ecology of Fear*, New York: Open Media.

deamon9/route/infinity (1996) 'IP-Spoofing Demystified', *Phrack* 7(48), also available at

http://www.geocities.com/CapeCanavera!/3498/.

De Landa, M. (1991) *War in the Age of Intelligent Machines*, New York: Zone Books.

Denning, P. (ed.) (1990) *Computers Under Attack: intruders, worms and viruses*, New York: Addison-Wesley.

Dery, M. (1993a) "Flame Wars", in Dery, M. (ed.) *Flame Wars: che discourse of cyberculture*, Durham, NC: Duke University Press, pp.559-68.

Dery, M. (1993b) "Black to the Future: interviews with Samuel R. Delany, Greg Tate and Tricia Rose", in Dery, M. (ed.) *Flame Wars: the discourse of cyberculture*, Durham, NC: Duke University Press, pp.735-78.

Dery, M. (ed.) (1993c) *Flame Wars: the discourse of cyberculture* (special edition of *South Atlantic Quarterly* 92 (4)), Durham, NC: Duke University Press.

Dery, M. (ed.) (1994) *Flame Wars: the discourse of cyberculture*, Durham NC: Duke University Press.

Dery, M. (1996) *Escape Velocity: cyberculture at the end of the century*, New York: Grove Press.

Diamond, D. (1998) "Whose Internet Is It, Anyway? ", *Wired US* 6.04: 172-7,187-95.

Dibbell, J. (1994) "A Rape in Cyberspace: or, how an evil clown, a Haitian trickster spirit, two wizards, and a cast of dozens turned a database into a society", in Dery, M. (ed.) *Flame Wars: the discourse of cyberculture*, Durham, NC: Duke University Press, pp.237-61.

Donath, J. (1998) "Identity and Deception in the Virtual Community", in Kollock, P. and Smith, M. (eds) *Communities in Cyberspace*, London: Roucledge.

Doob, A. and Greenspan, E. (eds) (1985) *Perspectives in Criminal Law*, Aurora, Ontario.): Canada Law Books.

Dreyfus, H. and Rabinow, P. (1983) *Michel Foucault: beyond structuralism and hermeneutics*, second edition, Chicago: Chicago University Press.

Dreyfus, S. (1997) *Underground: tales of hacking, madness and obsession on the electronic frontier*, Kew: Mandarin.

Dunlop, C. and Kling, R. (eds) (1991) *Computerisation and Controversy: value conflicts and social choices*, Boston: Academic Press.

Editors (1996) "The Wired Manifesto for the Digital Society", *Wired UK* 2.10: 42-7.

Edwards, P. (1996) *The Closed World: computers and the politics of discourse in Cold War America*, Cambridge, MA: MIT Press.

EFF (1995) "German Government Pushes Blockage of Netherlands Web Sites", available at
http://www.eff.org.

EFF (1996) "Singapore Government Curtails Online Freedoms", available at http://www.eff.org.

Fanon, F. (1986) *Black Skin, White Masks*, London: Pluto Press.

Farmer, E and Morningstar, C. (1991) 'The Lessons of Lucasfilms" Habitat", in Benedikt, M. (ed.) *Cyberspace: the first steps*, Cambridge, MA: MIT Press, pp.273-302.

Featherstone, M. and Burrows, R. (1995a) "Cultures of Technological Embodiment", in Featherstone, M. and Burrows, R. (eds) *Cyberspace, Cyberbodies, Cyberpunks: cultures of technological embodiment*, London: Sage, pp.1-19.

Featherstone, M. and Burrows, R. (eds) (1995b) *Cyberspace, Cyberbodies, Cyberpunks: cultures of technological embodiment*, London: Sage.

Felten, E., Balfanz, D., Dean, D. and Wallack, D. (1996) "Web-Spoofing: an Internet congame", Technical Report 540-96, Department of Computer Science, Princeton University, also at http://www.cs.princeton.edu/sip.

Fena,L. (1996) "Interview with Tim Jordan", unpublished.

FidoNet (1989) *FidoNet Policy Document: version 4.07*, available at http://www. fidonet.org.

Foucault, M. (1983) "The Subject and Power", in Dreyfus, H. and Rabinow, P. *Michel Foucault: beyond structuralism and hermeneutics*, second edition, Chicago: Chicago University Press, pp.208-26.

Foucault, M. (1991) *Remarks on Marx: conversations with Duccio Trombadori*, New York: Semiotext (e).

Freedman, D. and Mann, C. (1997) *At Large: the strange case of the world's. biggest Internet invasion*, New York: Simon & Schuster.

Friedan, J. (1991) "Invested Interests: the politics of national economic policies in a world of global finance", *International Organisation* 45 (5): 425-51.

Gabilando, J. (1995) "Postcolonial Cyborgs: subjectivity in the age of cybernetic reproduction", in Gray, C.H. (ed.) *The: Cyborg Handbook*, London: Routledge, pp.423-32.

Garfinkel, S., Stallman, R. and Kapor, M. (1996) "Why Patents are Bad for Software", in Ludlow, P. (ed.) *High Noon on the Electronic Frontier*, Cambridge, MA: MIT Press, pp.35-46.

Gates, B. (1995) *The Road Ahead: with N. Myhrvold and P. Rhinearson*, New York: Viking.

Gellner, E. (1964) *Thought and Change*, London: Wiedenfeld & Nicholson.

Gerth, H. and Wright Mills, C. (eds) (1952) From *Max Weber*, London: Routledge.

Gibson, W. (1984) *Neuromancer*, London; Grafton Books.

Gibson, W. (1986a) *Count Zero*, New York; Ace Books.

Gibson, W. (1986b) *Burning Chrome*, London: Victor Gollancz.

Gibson, W. (1988) Mona Lisa *Overdrive*, London: Victor Gollancz.

Gibson, W. (1993) *Virtual Light*, London: Viking.

Gibson, W. and Sterling, B. (1991) *The Difference Engine*, London: Victor Gollancz.

Giese, M. (1996) "From ARPAnet to the Internet: a cultural clash and its implications in framing the debare on the information superhighway", in Strate, L., Jacobson, R. and Gibson, S. (eds) *Communication and Cyberspace: social interaction in an electronic environment*, Creskill, NJ: Hampton Press, pp.123-41.

Gilboa, N. (1996) "Elites, Lamers, Narcs and Whores: exploring the computer underground", in Cherny, L. and Weise, E. (eds) *Wired_Women: gender and new realities in cyberspace*, Seattle: Seal Press, pp.98-113.

Gilmore, J, (1996) "Interview with Tim Jordan", unpublished manuscript.

Godwin, M. (1991) "The Electronic Frontier Foundation and Virtual Communities", available at http://www.eff.org/pub/publications/.

Godwin, M. (1996) "Interview with Tim Jordan", unpublished manuscript.

Godwin, M. (1997) Free Speech 1, Censorship 0: looking beyond the CDA victory, *Wired USA* 5,09: 94.

Godwin, M. (1998) *Cyber Rights*, New York: Random House.

Goldstein, E. (1993) "Hacker Testimony to House Sub-committee Largely Unheard", *Computer Underground Digest* 5.43.

Goodell, J, (1996) *The Cyberthief and the Samurai: the true story of Kevin Mitnick and the man who hunted him down*, New York: Dell.

Gow, D. and Norton-Taylor, R. (1996) "Surfing Superhighwaymen", *Guardian* 7 December: 28.

Graham, S. and Marvin, S. (1996) *Telecommunications and the City: electronic spaces, urban places*, London: Routledge.

Gray, C.H. (ed.) (1995) *The Cyborg Handbook*, London: Routledge.

Gray, C.H. (1997) *Postmodern War: the new politics of conflict*, London: Routledge.

Gray, M. (1996) "Web Wanderer and Web Growth", available at http://www.mit.edu:800l/people/mkgray/mkgray.html.

Grebb, M. (1997) "Net Congestion Talks Clogged", available at http://www.netizen.com.

Gromov, G. (1995) The Road and Crossroads of Internet's History, available at http://www.internetvalley.com/.

Hafner, K, (1997) "The World's Most Influential Online Community (and it's not AOL): the epic saga of the Well", *Wired US* 5.05: 98-142.

Hafner, K. and Lyon, M. (1996) *Where Wizards Stay Up Lace: the origins of the Internet*, New York: Simon & Schusrer.

Hafner, K. and Markoff, J. (1991) *Cyberpunk: outlaws and hackers on the computer frontier*, London: Corgi,

Hakala, D. and Rickard, J. (1996) "A Domain by any other Name! ", *Boardwatch* 10 (10). also available at http://www.boardwatch.com/.

Hall, S. and Jacques, M. (eds) (1989) *New Times: the changing face of politics in the 1990s*, London: Lawrence & Wishart.

Harasim, L. (ed.) (1993) *Global Networks: computers and international communication*. Cambridge, MA: MIT Press .

Haraway, D. (1991) *Simians, Cyborgs and Women: the reinvention of nature*, London: Free Association Books.

Haraway, D. (1995) "Foreward: cyborgs and symbionts; living together in the new worldorder", in Gray, C.H. (ed.) *The Cyborg Handbook*, London: Routledge, pp.xi-xx.

Haraway, D. (1997) *Modest_ Witness@Second_Millennium. FemaleMan@_Meets_Onco-mouse™feminism and technoscience*, London: Routledge.

Harding, S. (1991) *Whose Science? Whose Knowledge? Thinking from women's lives*, Milton Keynes: Open University Press.

Hardman, E. (1995) "Hardware of the Future: man or mouse? ", *Guardian: Online Supplement* 14 December: 4.

Hardy, H. (1993) "The History of the Net", Master's Thesis, Grand Valley State University, also available at ftp://ftp.ocean.ic.net/pub/doc/.

Harvey, D. (1989) *The Condition of Postmodernity: an enquiry into the origins of cultural change*, Oxford: Blackwell.

Hayles, N.K. (1993) "The Seductions of Cyberspace", in Conley,

V. (ed.) *Rethinking Technologies*, London: University of Minnesota Press, pp.173-90.

Heilemann, J. (1997) "The Integrationists vs. The Separatists", *Wired USA* 5.07: 53-6, 182-7.

Held, D. (1995) *Democracy and the Global Order*, Cambridge: Policy.

Hertz, J .C. (1994) *Surfing on the Internet: a net-head's adventures online*, London: Abacus.

Hiltz, S. and Turroff, M. (1985) "Structuring Computer-Mediated Communication to Avoid Information Overload", *Communications of the ACM* 28 (7): 680-9.

Hiltz, S. and Turroff, M. (1993) *Network Nation: human communication via computers*, Cambridge, MA: MIT Press.

Holland, S. (1995) "Descartes Goes to Hollywood: mind, body and gender in contemporary cyborg cinema", in Featherstone, M. and Burrows, R. (eds) *Cyberspace, Cyberbodies, Cyberpunks: cultures of technological embodiment*, London: Sage, pp.157-74.

Hirst, P. and Thompson, G. (1996) *Globalization in Question: the international economy and the possibilities of governance*, Cambridge: Policy.

Hudson, D. (1997) *Rewired, Indianapolis*: Macmillan Technical Publishing.

Huq, R. (1998) "The Right to Rave: opposition to the Criminal Justice and Public Order Act 1994", in Jordan, T. and Lent, A. (eds) *Storming the Millennium: the new politics of change*, London: Lawrence & Wishart.

Hyman, A. (1982) Charles Babbage: *pioneer of the computer*, Oxford: Oxford University Press.

Intel (1998) "History of the Microprocessor", available at http://www.intel.com/intel/museum/25anniv/index.htm.

Ito, M. (1997) "Virtuality Embodied: the reality of fantasy in a Multi-User Dungeon", in Porter, D. (ed) *Internet Culture*, London: Routledge, pp.87-110.

Jacobs, K. (1990) "Design for an Unreal World", *Metropolis* 10 (2): 40-3, 65-77.

Jerman-Blazic, B. (1996) "Europe and the International Character Sets: strategy of implementation and development of networked services", paper given at INET 96, available at http://www.isoc.org/conferences/inet96.

Jones, C. and Sessions, S. (1993) "Interoperability: a Desert Storm case study", McNair Paper 18, Institute for National Strategic Studies, National Defense University, USA, available at http://www.ndu.edu/ndu/inss/.

Jones, S. (1995a) "Introduction: from where to who knows? ", in Jones, S. (ed.) *Cybersociety: computer-mediated com-*

munication and community, London: Sage, pp.1-9.

Jones, S. (1995b) "Understanding Community in the Information Age", in Jones, S. (ed.) *Cybersociety: computer-mediated communication and community*, London: Sage, pp.10-35.

Jones, S. (ed.) (1995c) *Cybersociety computer-mediated communication and community*, London: Sage.

Jones, S. (ed.) (1997) Virtual Culture. *identity and communication in cybersociety,* London: Sage.

Jordan, T. (1995) "The Unity of Social Movements", *Sociological Review* 43 (4): 675-92.

Jordan, T. (1998) "New Space? New Politics: cyberpolitics and the Electronic Frontier Foundation", in Jordan, T. and Lent, A. (eds) *Storming the Millennium: the new politics of change*, London: Lawrence & Wishart.

Jordan, T. and Lent, A. (eds) (1998) *Storming the Millennium: the new politics of change*, London: Lawrence & Wishart.

Jordan, T. and Taylor, P. (1998) "A Sociology of Hackers", *Sociological Review* 46 (4): 675-93.

Kahin, B. and Keller, J. (eds) (1997) *Coordinating the Internet*, Cambridge, MA: MIT Press.

Kahin, B. and Nesson, C. (eds) (1997) *Borders in Cyberspace: information policy and the Global Information Infrastructure*,

Cambridge, MA: MIT Press.

Katz, J. (1997a) "Birth of a Digital Nation", *Wired USA* 5.04: 49-52, 184-91.

Katz, J. (1997b) "The Digital Citizen", *Wired USA* 5.12,68-82, 274-5.

Keller, L (1988) "Machismo and the Hacker Mentality: some personal observations and speculations", paper presented to *WiC (Women in Computing) Conference*.

Kelly, K. (1994) Out of Control: *the new biology of machines*, London: Fourth Estate.

Kelly, K. and Wolf, G. (1997) "Push! Kiss your Browser Goodbye: the radical future of media beyond the Web", *Wired UK* 3.03: 69-81.

Kevles, D. and Hood, L. (eds) (1992) *The Code of Codes: scientific and social issues in the Human Genome Project*, Cambridge, MA: Harvard University Press.

Kimery, A. (1993) "Big Brother Wants to Look Into Your Bank Account", *Wired USA* 1.06: 90-3, 134. .

Knorr-Cetina, K. and Mulkay, M. (1983) *Science Observed: perspectives on the social study of science*, London: Sage.

Kollock, P. and Smith, M. (eds) (1998) *Communities in Cyberspace*, London: Routledge.

Kroker, A. and Weinstein, M. (1994) *Data Trash: the theory of the virtual class*, Montreal: New World Perspectives.

Lacan, J. (1977) *The Four Fundamental Concepts of Psycho-Analysis*, Harmondsworth: Penguin.

Lacoue-Labarthe, P. and Nancy, J. L. (1997) *Retreating the Political*, London: Routledge.

Landsberg, A. (1995) "Prosthetic Memories: Total Recall and Blade Runner", in Feather-stone, M. and Burrows, R. (eds) *Cyberspace, Cyberbodies, Cyberpunks: cultures of technological embodiment*, Londond: Sage, pp.175-89.

Lappin, T. (1997) "Winning the Crypto Wars: why John Gilmore believes things are going our way", *Wired USA* 5.05: 94.

Lash, S. and Urry, J. (1987) *The End of Organised Capitalism*, Cambridge: Polity.

Lash, S. and Urry, J. (1994) *Economies of Signs and Spaces*, London: Sage.

Latour, B. (1987) *Science in Action. how to follow scientists and engineers through society*, Milton Keynes: Open University Press.

Lea, M. (ed.) (1992) *Contexts of Computer-Mediated Communication*, London: Harvester Wheatsheaf.

Lee, E. (1997) *The Labour Movement and the Internet: the new internationalism*, London: Pluto Press.

Lee, J. (1996) "Charting the Codes of Cyberspace: a rhetoric of electronic mail", in Strate, L., Jacobson, R. and Gibson, S. (eds) *Communication and Cyberspace: social interaction in an electronic environment*, Creskill, NJ: Hampton Press, pp.275-96.

Leeson, L (ed.) (1996) *Clicking In: hot links to a digital culture*, Seattle: Bar Press.

Lefebvre, H. (1991) *The Production of Space*, Oxford: Blackwell.

Leonard, A. (1997) *Bots: the origin of new species*, San Francisco: Hardwired.

Levidow, L. (1991) "Women Who Make the Chips", *Science as Culture* 2 (1): 103-24.

Levidow, L. (1994) "The Gulf Massacre as Paranoid Rationality", in Bender, G. and Druckrey, T. (eds) *Culture on the Brink: ideologies of technology*, Seattle: Bay Press, pp.317-27.

Levinson, P. (1997) The Soft Edge: a natural history and future of the information revolution, London: Routledge.

Levy, S. (1984) *Hackers: heroes of the computer revolution*, London: Penguin.

Lewontin, R. (1994) "The Dream of the Human Genome", in Bender, G. and Druckrey, T. (eds) *Culture on the Brink: ideologies of technology*, Seattle: Bay Press, pp.107-28.

Leyden, P. (1997) "Moore's Law Repealed, sort of", *Wired USA* 5.05: 166-7.

Libicki, M. (1995a) "What is Information Warfare? ", Institute for National Strategic Studies, National Defense University, available at http://www.ndu.edu/ndu/inss/.

Libicki, M. (1995b) "The Mesh and the Net: speculations on armed conflict in a time of free silicon; second edition", McNair Paper No 28, Institute for National Strategic Studies, National Defense University, available at http://www.ndu.edu/ndu/inss/.

Littman, J. (1996) *The Fugitive Game: online with Kevin Mitnick, the inside story of the great cyberchase*, Boston: Little, Brown.

Littman, J. (1997) *The Watchman: the twisted life and crimes of serial hacker Kevin Poulsen*, Boston: Little, Brown.

Loader, a. (ed.) (1997) *The Governance of Cyberspace: politics, technology and global restructuring*, London: Routledge.

Loen, L (1993) "Hiding Data in Plain Sight: some key questions about cryptography", *EFFector Online* 4.05, available at http://www.eff.org.

Lottor, M. (1992) *Internet Growth 1981-1991*, Network Working Group, Request for Comment 1296.

Ludlow, P. (ed.) (1996) *High Noon on the Electronic Frontier*,

Cambridge, MA: MIT Press.

Lukes, S. (ed.) (1986) *Power: readings in social and political theory*, Oxford: Blackwell.

Lyon, D. (1994) *The Electronic Eye: the rise of the surveillance society*, Cambridge: Polity.

Lyotard, J. F. (1988) *The Differend: phrases in dispute*, Manchester: Manchester University Press.

Macauley, W. and Gordo-Lobez, A. (1995) "From Cognitive Psychologies to Mythologies: advancing cyborg textualities for a narrative of resistance", in Gray, C.H. (ed.) *The Cyborg Handbook*, London: Routledge, pp.433-44.

McCaffery, L (1991a) "An Interview with William Gibson", in McCaffery, L. (ed.) *Storming the Reality Studio: a casebook of cyberpunk and postmodern science fiction*, Durham, NC: Duke University Press, pp.263~7.

McCaffety, L (ed.) (1991b) *Storming the Reality Studio: a casebook of cyberpunk and postmodern science fiction*, Durham, NC: Duke University Press.

McCandlish, S. (1995) "Interview for NetGuide Magazine", available at http://www.eff.org/~mech/scritt.

McCandlish, S. (1996) "Interview with Tim Jordan", unpublished manuscript.

McChesney, J. (1997) "Is Microsoft's Brad Chase Aiming to

Own your Desktop? ", available at http://www.hotwired.com.

MacKinnon, R. (1995) "Searching for the Leviathan on Usenet", in Jones, S. (ed.) *Cybersociety: computer-mediated communication and community*, London: Sage, pp.112-37.

McLuhan, M. (1995) *Essential lcLuhan: edited by E. McLuhan and F. Zingrone*, London: Routledge.

McRae, S. (1996) 'Coming Apart at the Seams: sex, text and the virtual body', in Cherny, L. and Weise, E. (eds) *Wired_Women: gender and new realities in cyberspace*, Seattle: Seal Press, pp.242-64.

Maes, P. (1994) "Agents that Reduce Work and Information Overload", available at http://pattie.www.media.mit.edu/people/pattie/CACM-94.

Maes, P. (1996) "Artificial Life meets Entertainment: lifelike autonomous agents", in Lesson, L. (ed.) *Clicking In: hot links to a digital culture*, Seattle: Bar Press, pp.210-21.

Mandel, E. (1975) *Late Capitalism*, London: Verso.

Manners, D. (1996) "Memories are Made of This", *Guardian Online Supplement* 14 March: 2.

Markoff, J. (1993) "A Free and Simple Computer Link", *New York Times* (*late editionfinal*) 12 December, also available at http://www.crs4.it/~zip/markoff.html.

Marks, J. (1994) "The Human Genome Project: a challenge in

biological technology", in Bender, G. and Druckrey, T. (eds) *Culture on the Brink: ideologies .of technology*, Seattle: Bay Press, pp.99-106.

Mason, R. (1993) "Computer Conferencing and the New Europe", in Harasim, L. (ed.) *Global Networks: computers and international communication*, Cambridge, MA: MIT Press, pp.199-220.

Meyer, G. and Thomas, 1(1989) "The Baudy World of the Byte: a post-modernist interpretation of the Computer Underground", paper presented at the American Societl of Criminology annual meeting, Reno, November.

Miller: L. (1995) "Women and Children First: gender and the settling of the electronic frontier", in Boal, I. and Brook, J. (eds) *Resisting the Virtual Life: the culture and politics of information*, San Francisco: City Lights Books, pp. 49-57.

Miller, S. (1996) "Hacker-takes over Labour's cyberspace", *Guardian* 10 December: 1.

Minoli, D. (1997) *Internet and Intranet Engineering: technologies, protocols, and applications*, New York: McGraw-Hill.

Minsky, M. (1986) *The Society of Mind*, New York: Simon & Schuster.

Mitchell, W. (1996) *City of Bits: space, place and the infobahn*,

Cambridge, MA: MIT Press.

Mommsen, W. (1989) *The Political and Social Theory of Max Weber*, Cambridge: Polity.

Moody, G. (1997) "The Greatest OS That Never Was", *Wired USA* 5.08: 122-5, 154-64.

Moravec, H. (1988) *Mind Children: the future of robot and human intelligence*, Cambridge. MA: Harvard University Press.

Mort, F. (1996) *Cultures of Consumption: masculinities and social space in late twentieth century Britain*, London: Routledge.

Mosco, V. and Wasko, M. (eds) (1988) *The Political Economy of Information*, Madison, WI: University of Wisconsin Press.

NCC (1991) *Survey of Security Breaches*, Manchester: National Computing Centre.

NetWork Wizards "Host Count", available at
    http://www.nw.com.

Nietzsche, F. (1983) *Untimely Medications*, Cambridge: Cambridge University Press.

NOP (1995) "Press release for NOP Internet Survey", available at http://www.nopres.co.uk.

NUA (1997) "How Many Online? ", *NUA Internet Review* 12 November, available at http://www.nua.ie/surveys/how_many_online.html.

O'Brien, J. (1998) "Writing the Body: gender (re) production in online interaction", in Kollock, P. and Smith. M. (eds) *Communities in Cyberspace*, London: Roucledge.

ORA (1995) *Defining the Internet Opportunity: Internet user survey*, available at http://www.ora.com/research.

Parks, B. (1997) "Where Computers Go co Die", *Wired USA* 5.07: 146-51, 180-1.

Pearce, E (1996) "Greenpeace: mindbombing the media", *Wired UK* 2.05: 49-53, 87-8.

Perkin, H. (1996) *The Third Revolution; professional elites in the modem world*, London: Roucledge.

Pitkow, J. and Recker, M. (1994a) *Results from the First World-Wide Web User Survey*, available at http://www.cc.gatech.edu/gvu.

Pickow, J. and Recker, M. (1994b) *Using the Web as a Survey Tool: Results from the Second World-Wide Web User Survey*, available at http://ww.cc.gatech.edu/gvu.

Placc, C. (1997) *Anarchy Online: net.sex and net.crime*, New York: HarperCollins.

Porcer, D. (ed.) (1997) *Internet Culture*, London: Roucledge.

Poscer, M. (1990) *The Mode of Information: poststructuralism and social context*, Cambridge: Polity.

Poster, M. (1995) *The Second Media Age*, Cambridge: Polity.

Quarterman, J. (1990) *The Matrix: computer networks and conferencing systems worldwide*, Bedford: Digital Press.

Quarterman, J. (1993) "The Global Matrix of Minds", in Harasim, L. (ed.) *Global Networks: computers and international communication*, Cambridge. MA: MIT Press, pp.35-56.

Quarterman, J. (1997) "Is COM Primarily U.S. or International? ", *Matrix News* 7 (8): 8-10.

Quarterman, J. (1998) "Internet Economics 101: why is it so slow? ", *Matrix News* 8 (1): 10-12.

Quittner, J. (1994a) "Johnny Manhattan meets the Furry-muckers", *Wired USA* 2.03: 92-7, 138.

Quittner, J. (1994b) "The War between alt.tasteless and rec.pets.cats", *Wired USA* 2,05: 46-53.

Quittner, J. (1994c) "The Merry Pranksters Go to Washington", *Wired USA* 2.06: 77-81, 128-31,

Quitmer, J. (1998) "Netscape's Survival Kit", *Wired USA* 6.04: 154-8, 182-4.

Quitmer, J. and Slatalla, M. (1995) *Masters of Deception: the gang that ruled cyberspace*, London: Vintage.

Rafferty, K. and Tran, M. (1996) "A Hard Drive When the Chips are Down", *Guardian Online Supplement* 14 March: 2-

3.

Rapaport, R. (1995) "Muse: we learn through experience", *Wired UK* 1.06: 74-7, 108.

Ravetz, J, and Sardar, Z. (eds) (1996) *Cyberfutures: culture and politics on the information superhighway*, London: Pluto.

Rawlins, G, (1996) *Moths to the Flame: the seductions of computer technology*, Cambridge, MA: MIT Press.

Reid, E. (1995) "Virtual Worlds: culture and imagination", in Jones, S. (ed.) *Cybersociety: computer-mediated communication and community*, London: Sage, pp.164-83.

Reid, E, (1998) "Hierarchy and Power: social control in cyberspace", in Kollock, P. and Smith, M. (eds) *Communities in Cyberspace*, London: Routledge.

Reid, R. (1997) "Real Revolution", *Wired USA* 5,10: 122-7, 174-88.

Rheingold, H. (1991) *Virtual Reality*, London: Secker & Warburg.

Rheingold, H. (1994) *The Virtual Community: surfing the Internet*, London: Minerva.

Rickard, J. (1995) "The Internet by the Numbers: 9.1 million users can't be wrong", Boardwatch 9 (12), also available at http://www.boardwatch.com.

Rickard, J. (1996a) "Microsoft, .The Internet and BILLGATUS

OF BORG", *Boardwatch* 10 (5), also available at
http://www.boardwatch.com/.

Rickard, J. (1996b) "Netscape vs. Microsoft: the battle continues", Boardwatch 10 (7), also available at http://www.boardwatch.com/.

Riddell, R. (1997) "Doom Goes to War: the Marines are looking for a few good games". *Wired USA* 5.04: 114-18, 164-6.

RIPE, "European Host Count", available at http://www.ripe.net.

Robins, K. (1994) "The Haunted Screen", in Bender, G. and Druckrey, T. (eds) *Culture on the Brink: ideologies of technology*, Seattle: Bay Press, pp.303-15.

Robins, K. (1997) "The New Communications Geography and the Polities of Optimism", *Soundings* 5: 191-202.

Rose, F. (1998) "The Televisionspace Race", *Wired USA* 6.04: 148-52, 181-2.

Ross, A. (1991) *Strange Weather*, London: Verso.

Rosteck, T. (1994) "Computer Hackers: rebels with a cause", Honours Thesis, Concordia University, Montreal, also at http://www.geocities.com/CapeCanavera/3498/.

Rucker, R., Sirius, R. and Mu, Q. (1992) "*Mondo 2000 Users*" *Guide to the New Edge*, New York: Harper Collins.

Rushkoff, D. (1997) "The plug that was waiting to be pulled", *Guardian Online* Supplement 24 July: 11.

Sagan, D. (1995) "Sex, Lies and Cyberspace: online, no one knows you're a dog or a male or a 13-year old girl", *Wired USA* 3.01: 78-84.

Sale, K. (1995) *Rebels Against the Future: the Luddites and their war on the Industrial Revolution, lessons for the computer age*, London: Quartet Books.

Sandoval, C. (1995) "New Sciences: cyborg feminism and the methodology of the oppressed", in Gray, C.H.ˑ(ed.) *The Cyborg Handbook*, London: Routledge, pp.407-22.

Sardar, Z. (1996) "alt.civilizations.faq: cyberspace as the darker side of the West", in Ravetz, J. and Sardar, Z. (eds) *Cyberfutures: culture and politics on the information superhighway*, London: Pluto, pp.14-41.

Sassen, S. (1991) *The Global City: New York, London, Tokyo*, Princeton NJ: Princeton University Press.

Sayer, D. (1979) *Marx's Method: ideology, science and critique in Capital*, Brighton: Harvester.

Schiller, H. (1996) *Information Inequality: the deepening social crisis in America*, London: Routledge.

Schofield, J. (1996) "A Tiny Sliver Not to be Sneezed At", *Guardian Online Supplement* 31 October: 2-3.

Schofield, J. (1997) "Between a Rock and a Hardware Place", *Guardian Online Supplement* 1 May: 2-3.

Schwartz, P. and Leyden, P. (1997) "The Long Boom: the history of the future 1980-2020", *Wired USA* 5.07: 115-29, 168-73.

Seiger, J. (1996) "Interview with Tim Jordan", unpublished.

Shade, L. (1996) "Is There Free Speech on the Net? Censorship and the global information infrastructure", in Shields, R. (ed.) *Cultures of Internet: virtual space, real histories, living bodies*, London: Sage, pp.11-32.

Shapard, J. (1993) "Islands in the (Data) Stream: language, character codes, and electronic isolation in Japan", in Harasim, L. (ed.) *Global Networks: computers and international communication*, Cambridge, MA: MIT Press, pp.255-69.

Shearing, C. and Stenning, P. (1985) "From the Panopticon to Disney World: the development of discipline", in Doob, A. and Greenspan, E. (eds) *Perspectives in Criminal Law*, Aurora, Ontario: Canada Law Books, pp.335-49.

Shenk, D. (1997) *Data Smog: surviving the information age*, San Francisco: HarperEdge.

Sheridan, A. (1977) "Translator's Note", in Lacan, J. *The Four Fundamental Concepts of Psycho-Analysis*, Harmondsworth: Penguin, pp.277-82.

Shields, R. (ed.) (1996a) *Cultures of Internet: virtual space, real histories, living bodies*, London: Sage.

Shields, R. (1996b) "Introduction: virtual space, real histories, living bodies", in Shields, R. (ed.) *Cultures of Internet: virtual space, real histories, living bodies*, London: Sage, pp.1-10.

Shimomura. T. (1995) *Takedown: the pursuit and capture of Kevin Mitnick, the world's most notorious Cybercriminal- by the man who did it*, with John Markoff, London: Secker & Warburg.

Shukman, D. (1995) *The Sorceror's Challenge: fears and hopes for the weapons of the next millennium.* London: Hodder & Stoughton.

Slouka, M. (1995) *War of the Worlds: the assault on reality*, London: Abacus.

Sowa, F. (1996a) "Meltdown or Monopolisitc Power Play? ", Boardwatch 10 (9), also available at http://www.boardwatch.com/.

Sowa, F. (1996b) "Back to the Future", Boardwatch 10 (11), also available at http://www.boardwatch.com/.

Spafford, E. (1990) "Are Computer Hacker Break-Ins Ethical? ", Princeton University Technical Report, CSD-TR-994, Princeton.

Spertus, E. (1991) "Why are there so few female computer

scientists? ", unpublished paper, MIT.

Spertus, E. (1996) "Social and Technical Means for Fighting On-line Harassment", paper presented at Virtue and Virtuality: gender, law and cyberspace Conference, MIT, available at http://www.mit.edu.

Springer, C. (1993) "Sex, Memories and Angry Women", in Dery, M. (ed.) Flame Wars: the discourse of cyberculture, Durham, NC: Duke University Press, pp.713-33.

Sproull, L. and Kiesler, S. (1986) "Reducing Social Context Cues: electronic mail in organizational communication", *Management Science* 32 (11): 1492-1512.

Sproull, L. and Kiesler, S. (1993) "Computers, Networks and Work", in Harasim, L. (ed.) *Global Networks: computers and international communication*, Cambridge, MA: MIT Press, pp. 105-20.

Stanley, C. (1995) "Teenage Kicks: urban narratives of dissent not deviance", *Crime, Law and Social Change* 23: 91-119.

Steinberg, S. (1996) "Seek and Ye Shall Find (Maybe) ", *Wired UK* 2.05: 61-6, 99-103.

Stephenson, N. (1992) Snow Crash, London: Penguin.

Sterling, B. (ed.) (1985) *Mirrorshades: the cyberpunk anthology*, New York, Arbor House.

Sterling, B. (1988) *Islands in the Net*, New York: Ace Books.

Sterling, B. (1992) *The Hacker Crackdown: law and disorder on the electronic frontier*, London: Viking.

Sterling, B. (1993) *"Short History of the Internet"*, *The Magazine of Fantasy and Science Fiction* February: 4-5.

Sterling, B. (1994) "The Hacker Crackdown three years later", only published electronically, available at http://www.uel.ac.uk/research/nprg.

Stoll, C. (1989) *The Cuckoo's Egg: tracking a spy through the maze of counter-espionage*, New York: Simon & Schuster.

Stoll, C. (1995) *Silicon Snake Oil: second thoughts on the information highway*, London: Macmillan.

Stone, A. R. (1995) *The War of Desire and Technology at the Close of the Mechanical Age.* Cambridge, MA: MIT Press.

Strate, L., Jacobson, R. and Gibson, S. (eds) (1996) *Communication and Cyberspace: social interaction in an electronic environment*, Creskill, NJ: Hampton Press.

Stross, R. (1996) *The Microsoft Way*, New York: Addison-Wesley.

Stroud, E (1996) "Battle of the Browsers", Boardwatch 10 (3), also available at http://www.boardwatch.com/ .

Taylor, P. (1993) "Hackers: a case-study of the social shaping of computing", PhD dissertation, University of Edinburgh.

Tepper, M. (1997) "Usenet Communities and the Cultural

Politics of Information" in Porter, D. (ed.) *Internet Culture*, London: Routledge, pp.39-54.

Thomas, J. (1990) "Review of the Cuckoo's Egg", *Computer Underground Digest* 1.06.

Thompsen, P. (1996) "What's Fuelling the Flames in Cyberspace: a social influencemodel", in Strate, L., Jacobson, R. and Gibson, S. (eds) *Communication and Cyberspace: social interaction in an electronic environment*, Creskill, NJ: Hampton Press, pp.297-315.

Toffler, A. (1980) *The Third Wave*, New York: Collins.

Tomas, D. (1991) "Old Rituals for New Space: rites de passage and William Gibson's cultural model of cyberspace", in Benedikt, M. (ed.) (1992) *Cyberspace: the first steps*, Cambridge, MA: MIT Press, pp.31-48.

Touraine, A. (1971) *The Post-Industrial Society: tomorrow's social history; classes, conflicts and culture in the programmed. society*, New York: Wildwood House.

Travis, A. (1997) "Net Porn to get a X-rating", *Guardian* 30 June: 5.

Tsagarousianou, R., Tambini, D. and Bryan, C. (eds) (1998) *Cyberdemocracy: technology, cities and civic networks*, London: Routledge.

Turkle, S. (1995) *The Second Self: computers and the human spirit*, London: Granada.

Van Bakel, R. (1996) "How Good People Helped Make Bad Law", *Wired UK* 2.02: 38-46.

Van Gelder, L. (1991) "The Strange Case of the Electronic Lover", in Dunlop, C. and Kling, R. (eds) *Computerisation and Controversy: value conflicts and social choices*, Boston: Academic Press, pp.65-81.

Vesely, R. (1997) "The Generation Gap", *Wired USA* 5.10: 53-6, 207.

3W (1994) "How Big is the Web? ", 3W: *global networking newsletter* 3: 32.

Walby, S. (1990) *Theorizing Patriarchy*, Oxford: Blackwell.

Wallace, J. (1996) *Hard Drive: Bill Gates and the making of the Microsoft Empire*, New York: John Wiley.

Wallace, J. (1997) *Overdrive: Bill Gates and the race to control cyberspace*, New York: John Wiley.

WarRoom (1996) "1996 Information Systems Security Survey", WarRoom Research, LLC. available at http://www.infowar.com/.

Weber, M. (1952) "Class, Status, Party", from Gerth, H. and C. Wright Mills (eds) *From Max Weber*, London: Routledge, pp.180-95.

Weber, M. (1986) "Domination by Economic Power and by

Authority", in Lukes, S. (ed.) *Power: readings in social and political theory*, Oxford: Blackwell.

Webster, F. (1995) *Theories of the Information Society*, London: Routledge.

Wilson, K. (1988) *Technologies of Control: the new interactive media for the home,* Madison, WI: University of Wisconsin Press.

Wolf, B. (1994) "The Second Phase of the Revolution has begun", *Wired USA* 2.10: 116-21, 150-2.

Wresch, W. (1996) *Disconnected: haves and have-nots in the Information Age*, Piscataway, NJ: Rutgers University Press.

Wright, S. (1998) *An Appraisal of Technologies of Political Control: Scientific and Technological Options Assessment Working Document* (Consultation Version), Luxembourg: Directorate General for Research European Parliament, available at http://www.jya.com/atpc.htm.

Wylie, M. (1995) "No Place for Women: Internet is flawed model for the Infobahn", *Digital Media* 4 (8): 3-6.

Yong, K. Y., Wee, T. T., Govindasamy. N. and Chee, L.T. (1996) "Multiple Language Support Over the World Wide Web", paper given at INET 96, available at http://www.isoc.org/conferences/inet96.

Zeltser, L. (1995) The World Wide Web: origins and beyond,

available at http://www.seas.upenn.edu/~lzeltser/WWW.

Zuboff, S. (1988) *In the Age of Smart Machines: the future of work and power*, Oxford: Heinemann.

網路社會學　　　　　　　　　　　　　　社會叢書 20

著　　　者／李英明
出 版 者／揚智文化事業股份有限公司
發 行 人／葉忠賢
執行編輯／胡琡珮
登 記 證／局版北市業字第 1117 號
地　　　址／台北市新生南路三段 88 號 5 樓之 6
電　　　話／(02)2366-0309　2366-0313
傳　　　真／(02)2366-0310
E - m a i l ／tn605541@ms6.tisnet.net.tw
網　　　址／http://www.ycrc.com.tw
郵撥帳號／14534976
戶　　　名／揚智文化事業股份有限公司
印　　　刷／偉勵彩色印刷股份有限公司
法律顧問／北辰著作權事務所　蕭雄淋律師
初版一刷／2000 年 11 月
初版二刷／2001 年 12 月
定　　　價／新台幣 250 元
I S B N ／957-818-221-X

國家圖書館出版品預行編目資料

網路社會學 / 李英明著.-- 初版. -- 台北市：揚
智文化, 2000 [民 89]
　　面；　　公分. -- （社會叢書；20）
參考書目：面
ISBN　957-818-221-X（平裝）

1. 資訊社會

541.49　　　　　　　　　　　　　89015946